KB185598

(개정판)
코스피, 코스닥 종목 모두에 적용되는

종목탐색기 활용, 주식 투자로 100억 원 벌기

코스피, 코스닥 종목 모두에 적용되는

종목탐색기 활용, 주식 투자로 100억 원 벌기

검색기 활용하기

최익수 지음

두드림미디어

프롤로그

자본주의에서 노동의 가치는 무엇보다 중요하다. 땀 흘려 얻은 대가는 그 대가 이상의 정신적 만족과 뿌듯함이 느껴지고 신체건강 면에서도 좋다. 그러나 일부 고액연봉자들을 제외하고 대다수의 사람들은 노동의 결실만으로는 여유로운 삶, 노후를 보장받는 삶을 살기에 너무 팍팍한 게 현실이다. 이 때문에 자본주의 꽃이라고 할 수 있는 주식 시장에 관심을 갖고 투자도 하는 게 아닌가 한다. 부동산도 물론 투자의 한 수단이지만 소액으로 접근할 수 있는 가장 만만한(?) 대상이 주식 투자라고 할 수 있다.

시중에 나와 있는 자기계발 및 재테크 책들을 보면 하나같이 "부의 추월차선"을 타라고 한다. 부의 추월차선이란 한마디로 "돈이 돈을 낳게 하라"는 뜻이다. 물론 세부적으로는 신경을 많이 쓰지 않고 돈이 벌리는 파이프라인을 구축하라는 뜻이지만, 기본적으로는 노동만으로는 부족하다는 말이다. 그런데 이런 책에서는 대중이 바로 행해서 수익을 내는 직접적인 방법은 구체적으로 나와 있지 않다. 그래서 읽는 도중에는 다 맞는 말 같지만, 다 읽고 나면 뭘 어떻게 하라는 건지 난감해진다.

나는 이 책을 통해 많은 주식 투자 참여자들이 실질적으로 투자에 도움을 받을 수 있도록 쓰려고 노력했다. 행복한 삶을 위해 중요한 "돈"을 벌 수 있는 직접적이고 구체적인 방법을 제시하는 게 중요하다고 본다. 구체적인 방법이다 보니 지면상 투자에 임하는 심리적인 자세 등 심법적인 부분이 다소 부족할 수 있다. 그러나 이는 다음 책에서 구체적으로 다룰 예정이고, 이 책은 모호한 자기계발 서적들에 지친(?) 독자들에게 정확하고 명료한 방법을 제시한다.

최근 장기화되고 있는 미중무역분쟁, 세계적인 경기침체 우려감, 정치적 이념대립 등 여러 내외적인 악재들로 주식 시장은 힘든 국면에 있다. 기업 내재가치에 비해 터무니없게 주가가 하락해 많은 투자자들이 어려움을 호소하고 있다. 재테크로 부가수입을 올리려 주식 시장에 들어왔는데 오히려 시장에 들어온 게 인생 최대의 실수로 여겨지고 있다.

그러나 20년 넘게 실전 투자를 해온 나로서는 이런 상황이 항상 절호의 기회였다. 1997년 IMF, 2001년 9·11 테러, 2004년 차이나 쇼크, 2008년 미국 신용위기, 2011년 유럽 재정위기(일명 PIGS위기), 2016년 영국 브렉시트 등 굵직한 대악재 뒤에는 항상 강한 상승장이 왔다. 이 외에도 소소하게 국내의 대통령 탄핵이나 미국 트럼프 대통령 당선 등으로 일시적인 급락 뒤에는 바로 강한 상승흐름이 나왔다.

문제는 지나고 보면 항상 "골이 깊으면 산이 높다", "동트기 전이 가장 어둡다"라는 주식의 격언이 맞으나 골이 깊은 상황에서는 심리적으로 최악의 상황에 놓이게 된다는 점이다. 이 때문에 바닥권에서 강한 수급(거래량)을 동반하며 상승하는 종목들을 매수하지 못하고 먼 산만 바라보게 된다. 즉, 심리적으로 위축이 된 상태에서 매수 진입의 객관적 근거를 만들어놓지 못하면 바닥에서 새롭게 급등하는 종목들을 놓치게 된다.

지금 상황은 종목들의 양극화 현상이 극심해 급등하는 종목들은 예상보다 더 많이 올라가고 안 올라가는 종목들은 철저하게 제자리에서 맴돌거나 오히려 추가 하락을 보이고 있다. 기존에 물린 종목이라도 강한 세력이 입성한 종목들은 인내를 가지고 기다려서 급반등을 노려야 하며, 그렇지 못한 종목들은 조금씩 교체매매를 통해 새롭게 급등하는 종목들로 수익을 올려야 한다. 또한 신규자금이 있어 매수를 할 때 좀 더 신중히 확률이 높은 매수 자리에서 진입을 해야 한다. 그렇지 않으면 새롭게 매수한 종목 또한 기존 종목처럼 이른바 물리게 된다.

이 책은 현재 주식 시장의 골이 깊은 상황에서뿐만 아니라 지수(코스피, 코스닥)의 레벨과 상관없이 매수 진입을 할 수 있는 객관

적 근거를 제시한다. 그런데 객관적인 근거는 주식 관련 많은 재테크 서적에서도 많이 나와 있으나, 문제는 코스피, 코스닥에 상장되어 있는 2,200개 주식 종목들 중 매번 좋은 종목을 찾기가 쉽지 않다는 것이다.

2,000개가 넘는 종목들의 차트를 매일 살펴보는 게 결코 쉽지 않고 살펴본다고 해도 정확한 매수타점에 있는 종목을 찾아내기가 어렵기 때문에 최근 투자자들 사이에서 많은 관심을 갖고 있는 주식 HTS(홈트레이딩시스템) 내 종목검색기를 알기 쉽게 설명하고자 한다. 여기서 더 나아가 실전적으로 활용하는 데 도움을 줄 수 있는 실전검색기도 공개한다.

나도 이 실전검색기를 수익을 내는 데 많이 활용하고 있으나, 당부하고 싶은 말이 있다. 많은 사람들이 잘 만들어진 종목검색기를 "알라딘의 요술 램프"쯤으로 오인하는 경향이 있는데, 투자 세계에 절대적인 것은 없다. "이거 하나면 무조건 수익"이란 건 없다. 있다면 주식 시장은 성립되지 않는다. 주식 시장도 파생상품 시장과 마찬가지고 결국 제로섬 게임인데 알라딘의 램프를 가진 사람만 돈 번다면 누구나 그걸 사용하지 않겠는가? 그럼 상대방은 계속 잃기만 해야 한다는 소리인데, 그렇게 되면 시장에 참여하지 않게 되며 결국 주식 시장은 문 닫게 된다. 카지노 같은 도박장에서도 가끔 돈을 따게 해주는 게 그 이유이지 않을까 본다. 그러나 카지노는 언제나 하우스가 이길 확률이 50%가 넘게 설정되어 있어 참여하면 할수록 돈을 잃게 되지만 주식은 확률이 높은 매수 맥점이 반드시 존재한다.

이 책의 목적은 여러분들이 주식 투자를 해오면서 상승 확률이 높다고 보는 매수 진입의 근거를 정형화하는 데 있다. 물론 이 책에서 공개하는 실전검색기도 내가 투자를 해오면서 확률이 높은 진입근거를 정형화한 것이다. 2,000개가 넘는 종목들에서 상승 확률이 높은 소수 종목들을 추려내는 것은 큰 의미가 있다고 본다.

또한 조건검색식을 통한 검색기를 기초부터 실전까지 차근차근 설명하면서 중간중간 실전팁을 최대한 많이 넣으려고 노력했다. 단순히 조건검색식 작성에 대한 설명에 그친다면 조건검색 해설서에 지나지 않기에 검색식으로 추출된 종목들이 어떤 특징이 있으며 추출 이후 주가의 흐름이 어떠할지에 대해 최대한 상세히 실전 팁을 넣었다.

투자의 세계는 확률게임의 세계다. 그렇기에 맞추면 높은 수익이 오는 것이다. 수익 날 확률이 100%라면 그건 은행의 적금과 같이 수익률이 현저히 낮을 수밖에 없다. 물론 은행 적금에도 신용리스크는 존재하지만 말이다.

투자의 세계는 승자 독식의 무서운 세계다. 주식 시장에서는 2 대 8 법칙이 아닌 0.5 대 9.5 법칙이 성립한다. 즉 0.5의 소수가 9.5의 다수의 돈을 가져가는 세계가 주식 시장이다. 주식 투자가 어렵고 힘든 상황이지만 이를 이겨내는 사람은 매우 큰 보답이 기다리고 있기에 도전해볼 가치는 충분히 있다고 본다.

부디 이 책을 참고삼아 여러분이 원하는 승자의 세계로 진입하기를 기원한다.

최익수

차 례

| 03 |

검색식 실전 활용 조합검색식

| 04 |

실전에서 수익 내기 ① 스윙 검색기 및 성과검증

| 05 |

실전에서 수익 내기 ② 장 중 단타 검색기 및 성과검증

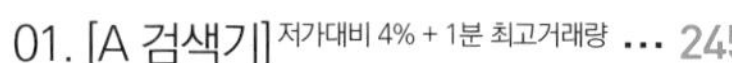

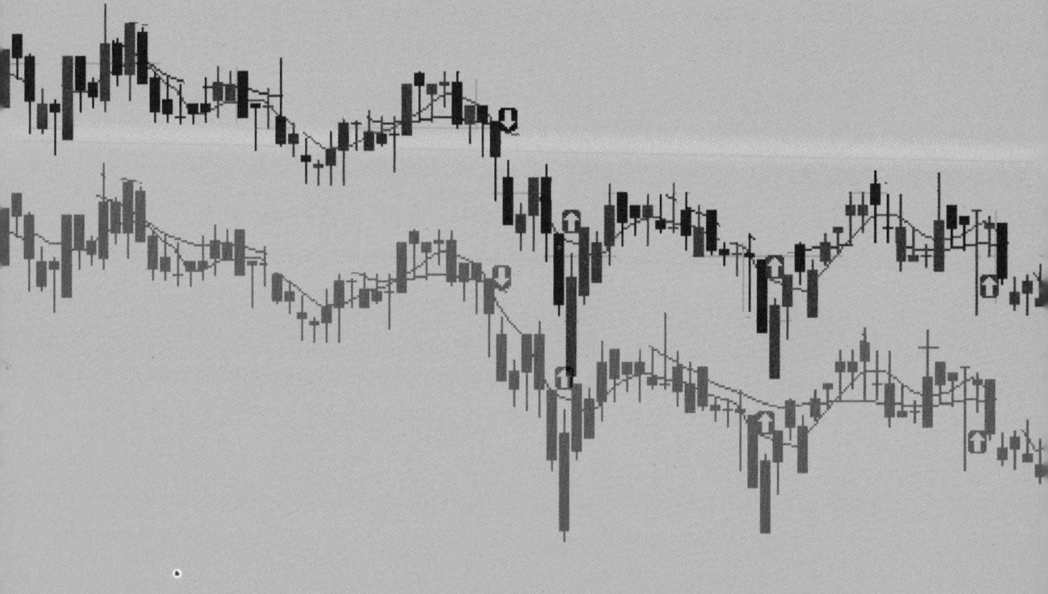

01

검색식 활용 기초

01

검색기검색식란 무엇일까?

주식 투자를 하면서 검색기란 말을 심심치 않게 들어봤을 것이다. 검색기란 증권사 HTS(홈트레이딩시스템) 내의 **"조건검색"**(키**움증권 영웅문 기준 화면번호** 0150)을 통해 나만의 매수 진입 근거를 만들어놓은 것의 총칭이다.

주식 투자를 하면서 매일 눈에 띄는 것이 당일 큰 상승을 보이는 급등주들일 텐데, 이런 종목들의 공통점들이 보이면 2,000개가 넘는 종목에서 빠르게 찾기 위해 조건검색을 이용하면 도움이 된다.

꼭 급등주가 아니어도 어떠한 조건 후에 주가가 우상향하는 경우가 많다는 것을 조건식으로 저장해두면 당일 혹은 다음 날 투자 판단을 하기에 매우 용이하다.

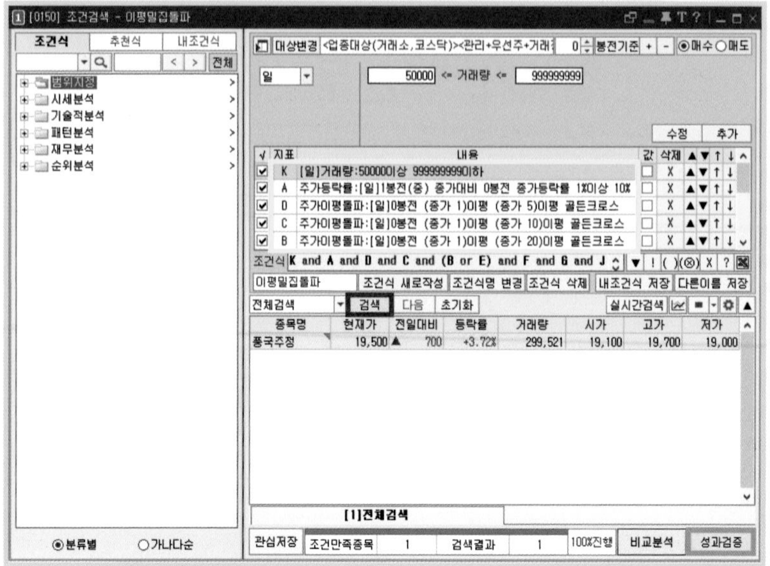

위 화면이 [조건검색](키움증권 영웅문 HTS 기준) 창이다.

처음 이 창을 보면 매우 복잡하다고 생각할 수 있는데, 하나씩 차근차근 이해하고 나면 나중에 투자에 날개를 단 것처럼 매우 유용할 것이다.

위 그림 왼쪽 위에 [조건식-추천식-내조건식] 탭이 있는데 [조건식] 탭 아래 풀다운 메뉴를 통해 내가 원하는 조건을 하나씩 선택하면 된다.

예를 들어 [거래량]이 얼마 이상, [주가등락률]이 몇 % 이상,

[이동평균선] 골든크로스(돌파) 등등 원하는 조건들을 선택하면 오른쪽 **노란색박스** 안으로 들어오고 **[검색]**(빨간색박스)을 누르면 조건에 부합하는 종목들이 추출된다.

추출된 종목은 한 종목이 나올 수도 있고, 여러 종목이 나올 수도 있다. 때로는 조건에 부합하는 종목이 전혀 안 나올 수도 있다. 이건 조건의 강도 문제로 너무 조건을 느슨하게 하면 종목이 많이 나오고 또 너무 타이트하게 조건을 넣으면 종목이 전혀 안 나올 수 있다.

종목이 안 나올 경우 HTS 문제는 아니니 당황하지 말고 조건식을 다시 재점검하면 종목들이 추출된다.

추출된 종목은 당일 기준으로 나온 것으로 이 조건식이 의미가 있을지 **백테스팅(역사적검증)**을 하려면 아래 **[성과검증]**(주황색박스)을 누르면 된다. 성과검증에 대해서도 나중에 자세히 설명한다.

이 책에서는 **키움증권 HTS인 영웅문**을 기준으로 설명을 한다. 다른 증권사들도 [조건검색]창이 있으나 키움증권 조건검색이 좀 더 세분화되어 있기에 참고하기 바란다.

02
검색기가 필요한 이유 - 종목 선정, 2,200개에서 고를래?

프롤로그에서도 언급했듯이 검색기가 필요한 이유는 2,000개가 넘는(코스피 892종목, 코스닥 1,308종목 합 2,200종목) 종목 중에서 상승 확률이 높은 종목을 매일 골라내기 위함이다.

보통 수동으로 종목을 발굴할 때 많이 보는 화면이 다음의 [상한가/하한가](**키움증권 영웅문 화면번호** 0162) 화면이다.

녹색박스를 보면 **[전체-코스피-코스닥-상한-상승-보합-하락-하한]** 탭이 있는데 코스피와 코스닥을 따로 검색할 수도 있고 전체를 검색할 수도 있는데 이 화면이 전부가 아니고 [다음](빨간색박스)을 계속 눌러야 전체 종목들이 나온다.

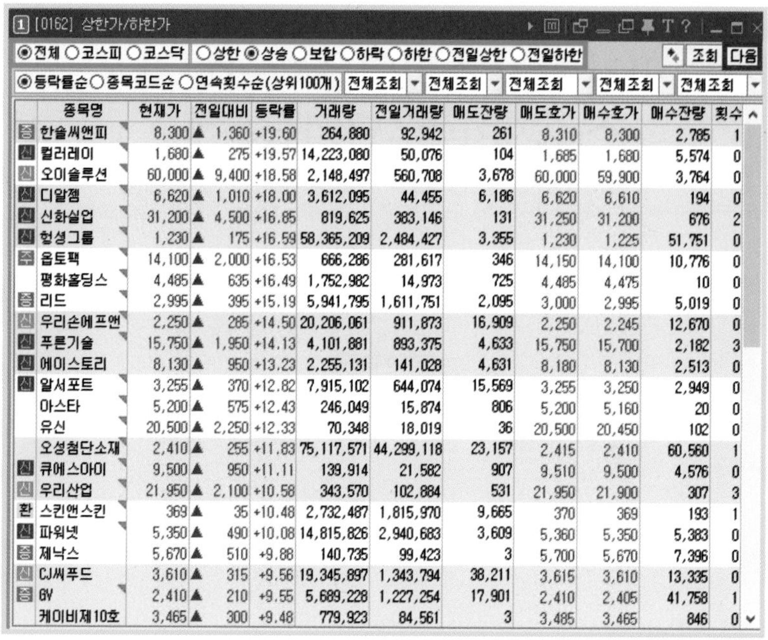

1 [0162] 상한가/하한가

◉전체 ○코스피 ○코스닥 | ○상한 ◉상승 ○보합 ○하락 ○하한 ○전일상한 ○전일하한 | 조회 | 다음

◉등락률순 ○종목코드순 ○연속횟수순(상위100개) | 전체조회 | 전체조회 | 전체조회 | 전체조회 | 전체조회

	종목명	현재가	전일대비	등락률	거래량	전일거래량	매도잔량	매도호가	매수호가	매수잔량	횟수
증	한솔씨앤피	8,300	▲ 1,360	+19.60	264,880	92,942	261	8,310	8,300	2,785	1
신	컬러레이	1,680	▲ 275	+19.57	14,223,080	50,076	104	1,685	1,680	5,574	0
신	오이솔루션	60,000	▲ 9,400	+18.58	2,148,497	560,708	3,678	60,000	59,900	3,764	0
신	디알젬	6,620	▲ 1,010	+18.00	3,612,095	44,455	6,186	6,620	6,610	194	0
신	신화실업	31,200	▲ 4,500	+16.85	819,625	383,146	131	31,250	31,200	676	2
신	헝셩그룹	1,230	▲ 175	+16.59	58,365,209	2,484,427	3,355	1,230	1,225	51,751	0
주	옵토팩	14,100	▲ 2,000	+16.53	666,286	281,617	346	14,150	14,100	10,776	0
	평화홀딩스	4,485	▲ 635	+16.49	1,752,982	14,973	725	4,485	4,475	10	0
증	리드	2,995	▲ 395	+15.19	5,941,795	1,611,751	2,095	3,000	2,995	5,019	0
신	우리손에프앤	2,250	▲ 285	+14.50	20,206,061	911,873	16,909	2,250	2,245	12,670	0
신	푸른기술	15,750	▲ 1,950	+14.13	4,101,881	893,375	4,633	15,750	15,700	2,182	3
신	에이스토리	8,130	▲ 950	+13.23	2,255,131	141,028	4,631	8,180	8,130	2,513	0
신	알서포트	3,255	▲ 370	+12.82	7,915,102	644,074	15,569	3,255	3,250	2,949	0
	아스타	5,200	▲ 575	+12.43	246,049	15,874	806	5,200	5,160	20	0
	유신	20,500	▲ 2,250	+12.33	70,348	18,019	36	20,500	20,450	102	0
	오성첨단소재	2,410	▲ 255	+11.83	75,117,571	44,299,118	23,157	2,415	2,410	60,560	1
신	큐에스아이	9,500	▲ 950	+11.11	139,914	21,582	907	9,510	9,500	4,576	0
신	우리산업	21,950	▲ 2,100	+10.58	343,570	102,884	531	21,950	21,900	307	3
환	스킨앤스킨	369	▲ 35	+10.48	2,732,487	1,815,970	9,665	370	369	193	1
신	파워넷	5,350	▲ 490	+10.08	14,815,826	2,940,683	3,609	5,360	5,350	5,383	0
증	제낙스	5,670	▲ 510	+9.88	140,735	99,423	3	5,700	5,670	7,396	0
신	CJ씨푸드	3,610	▲ 315	+9.56	19,345,897	1,343,794	38,211	3,615	3,610	13,335	0
증	GV	2,410	▲ 210	+9.55	5,689,228	1,227,254	17,901	2,410	2,405	41,758	1
	케이비제10호	3,465	▲ 300	+9.48	779,923	84,561	3	3,485	3,465	846	0

물론 이런 수동 방식으로 좋은 종목을 발굴할 수도 있으나 너무 비효율적이다. 2,200개 종목의 차트와 기업분석을 모두 보려면 아무리 숙달된 전문가라도 4~5시간은 족히 걸리기 때문이다. 이것을 매일 반복하기에는 쉽지 않은 일이다.

이 때문에 검색기는 반드시 필요하다. 물론 그날의 특징 종목(상승률 상위, 거래량 상위)은 체크하는 것이 중요하나, 이는 그리 오랜 시간이 걸리지 않는다. 따라서 주요검색기와 그날의 특징 종목을 병행 체크하면 충분하며 매우 효율적이다.

03
먼저 투자 스타일을 파악하자 - 스윙가치주? 단기급등주?

검색식을 작성하기에 앞서서 내가 어떤 투자 스타일을 갖고 있는지 점검하는 것이 필요하다. 직장인들은 보통 장 중 매매에 참여하기 어려워 스윙가치주 투자(기업가치가 우수한 종목을 투자해서 며칠 혹은 몇 달을 홀딩하는 전략)를 하는데 단기급등주에 부합하는 조건식을 작성하면 빛 좋은 개살구가 된다. 단기급등주는 장 중 급등락이 심해 계속 지켜보지 않으면 +10% 수익이 마이너스로 이어질 수 있기 때문이다.

다음은 단기 투자를 위한 [조건검색]에 대한 [성과검증] 창이다.

이날 **아침 9시 26분**에 [영진약품]이 단타검색기에 포착되어 패턴이 완성된 9시 36분 매수 진입했는데 이때가 +2.2% 상승한

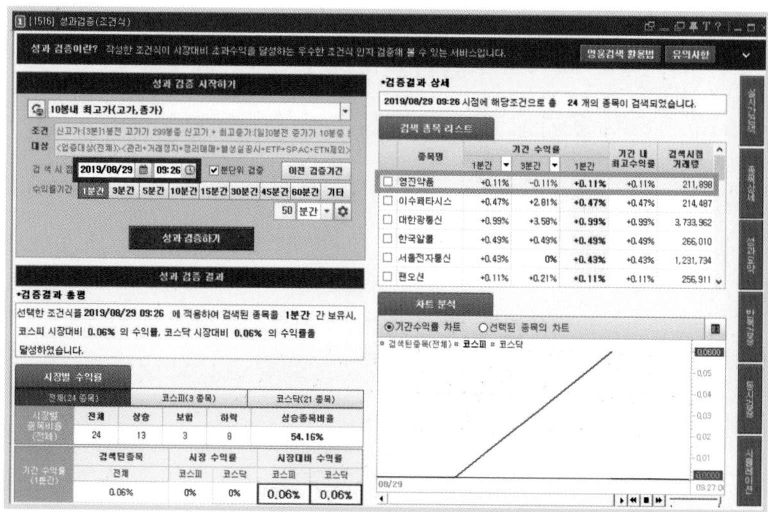

4,465원이었고, 10시 32분 상승VI (변동성 완화장치. 시가부터 +10% 상승 시마다 2분간 매매정지) 이후 10시 35분에 +11% 지점인 4,860원에 매도해서 수익을 내고 나왔다.

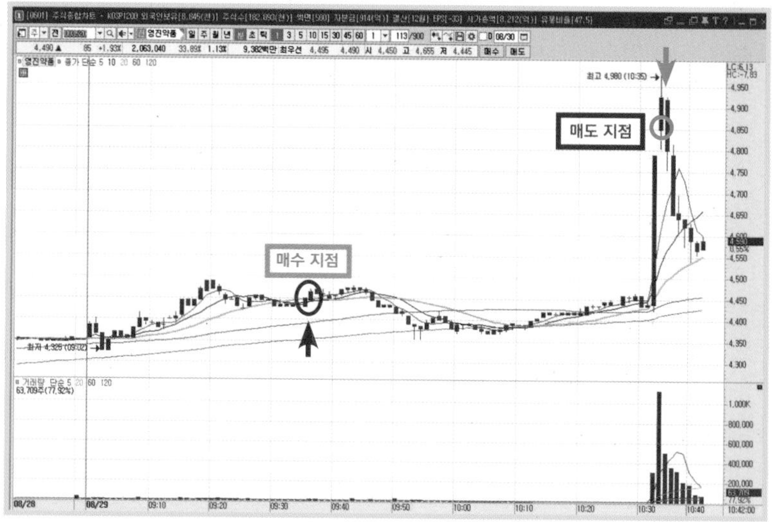

그런데 이 종목은 그 이후 계속 하락해 4,375원의 저가를 찍고 4,405원으로 종가를 형성했다. 즉 급등주는 장 중 계속 보고 있지 않으면 수익이 손실로 바뀔 수 있다. 이건 전날 종가배팅을 해도 마찬가지로 약간의 수익을 보았지만 장 중에 +14%까지 상승했다는 걸 알면 매우 아깝다는 생각이 들 수 있다.

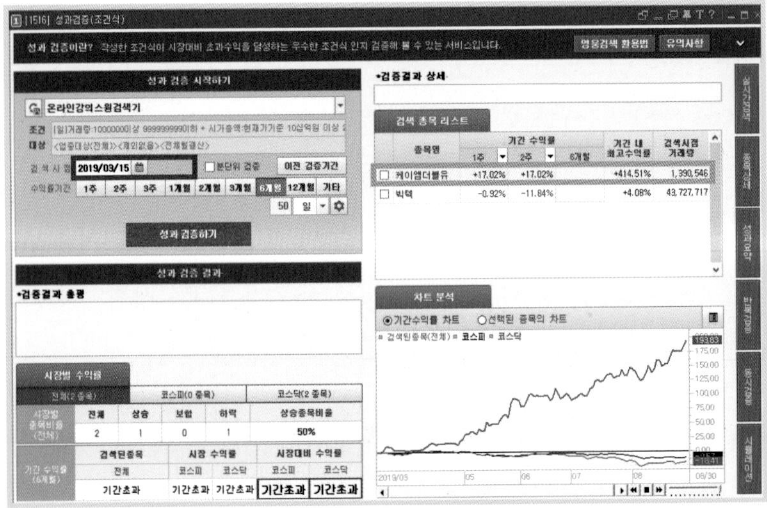

위 화면은 스윙가치 투자를 위한 [조건검색]에 대한 [성과검증] 창이다.

3월 15일에 추출된 [케이엠더블유]란 종목인데, 이 종목은 요즘 화두인 5G 관련 종목이면서 올해 1분기부터 예상 실적이 폭발적으로 증가했다.

IFRS(연결)	Annual				Net Quarter			
	2016/12	2017/12	2018/12	2019/12(E)	2018/12	2019/03	2019/06	2019/09(E)
매출액	2,105	2,037	2,963	7,440	542	1,182	2,123	2,264
영업이익	-145	-30	-262	1,781	-210	248	555	584
당기순이익	37	-87	-313	1,422	-217	214	432	391
지배주주순이익	39	-87	-313	1,392	-217	214	432	506
비지배주주순이익	-2	0	0		0	0	0	
자산총계	2,083	2,134	2,735	4,867	2,735	3,215	4,712	
부채총계	1,627	1,621	1,873	2,580	1,873	2,093	3,025	
자본총계	456	513	862	2,283	862	1,122	1,687	
지배주주지분	456	513	862	2,283	862	1,122	1,687	
비지배주주지분	0	0	0	0	0	0	0	
자본금	81	81	94	107	94	94	194	
부채비율	357.17	315.86	217.21	113.03	217.21	186.48	179.32	
유보율	652.67	613.86	824.40		824.40	1,093.34	768.45	

[기업분석] 창을 보면, 2018년 적자였던 기업이 2019년 대규모 흑자가 예상되는 것과 그 시작이 1분기부터라는 걸 알 수 있다. 3월 시점에서도 대규모 흑자가 예상되는 걸 알 수 있기 때문에 실적 및 매출액이 폭발적으로 증가하는 것을 눈으로 확인할 수 있다.

또한 장단기 이동평균선들이 밀집된 상태에서 대량거래량을 동반하면서 이날 장대양봉으로 모든 이동평균선들을 돌파해서 마감했다.

이렇게 실적, 이슈를 파악하고 검색기로 기술적 매수 맥점을 확인한 후에는 진입 후 상승할 때 느긋하게 홀딩해서 수익을 극대화하면 된다.

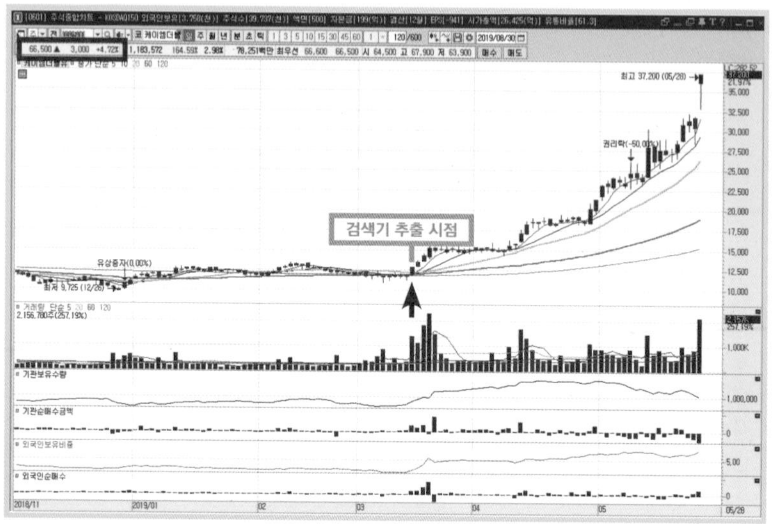

[케이엠더블유]의 일봉 차트에서 화살표 지점이 스윙검색기 추출 시점인데 이후 엄청난 급등 모습을 볼 수 있다. 화면상 우측 윗부분이 37,200원 지점인데 왼쪽 빨간색박스를 보면 66,500원이 찍혀 있는 걸 볼 수 있다. 이렇게 운이 좋으면 한 종목으로 한 해의 투자를 마무리할 수 있다.

이렇듯 검색기를 활용할 때 자신의 투자 스타일 및 투자 여건을 확인하고 검색기를 이용하는 것이 중요하다.

04

검색기 파헤쳐보기 - [범위지정]

검색기를 유용하게 만들기 위해서는 [조건검색]창을 자세히 살펴볼 필요가 있다.

[조건검색]창을 처음 보면 항목이 너무 많아 복잡하다고 생각되지만 모든 항목을 알 필요는 없고 실전에서 자주 사용되는 중요한 항목을 잘 익혀두면 된다.

실전에서 사용되는 조건식은 거의 정해져 있기 때문에 중요하다고 생각되는 항목 위주로 설명한다.

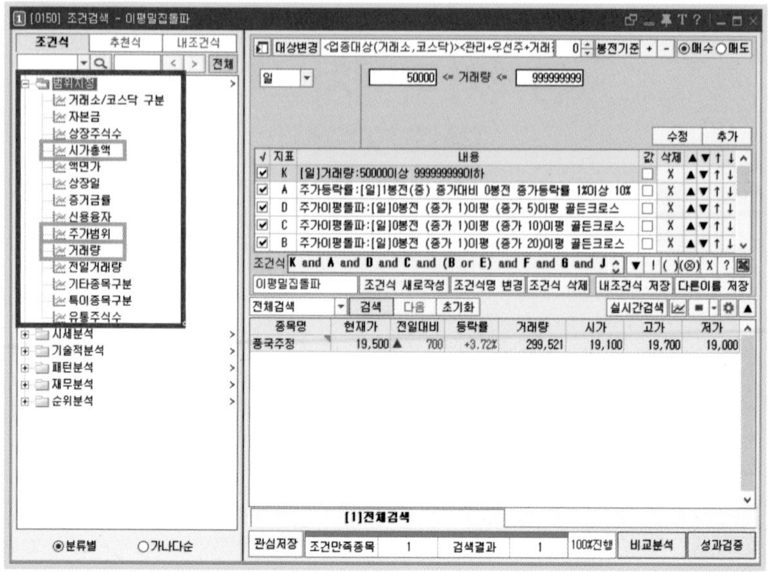

우선 위 [조건검색]창에서 왼쪽 빨간색박스를 보면 [범위지정]이라는 메뉴가 있다. 이 범위지정은 투자 대상 기업 자체의 성격을 나타내 준다.

[거래소/코스닥 구분]은 이 종목이 코스피 시장에 상장되어 있는 종목이냐, 코스닥 시장에 등록되어 있는 종목이냐를 나타낸다.

[자본금]은 이 회사가 설립될 당시 얼마의 자금으로 회사가 세워졌는지를 나타내며 상상주식수는 현재 이 회사의 주식 수를 나타낸다.

[시가총액]은 〈상장주식수×현재 시장에서 거래되는 주당 가격〉

을 나타내는데 검색식 작성할 때 자주 쓰인다. 보통 시가총액이 너무 큰 종목은 움직임이 작아 검색식에 적용할 때는 **시가총액 300억 원 이상 2조 원 이하**로 설정하는 것이 좋다. 좀 더 움직임이 빠른 종목을 원할 때는 **시가총액 100억 원 이상 1조 원 이하**로 설정하기도 한다.

[액면가]는 주식이 발행될 당시 주당 가격이며 증거금률은 **래버리지**의 개념으로 증거금 100%는 내 돈 100으로 해당 주식을 살 수 있다는 뜻이고, 증거금 50%는 내 돈 50으로 100에 해당하는 주식을 살 수 있다는 뜻이다.

[주가범위]는 말 그대로 주식 가격의 범위인데 1,000원 미만의 주식은 동전주라고 해서 가급적 피하는 것이 좋고 2만 원 이상의 주가는 움직임이 다소 둔하기 때문에 1,000원 이상 2만 원 이하로 주가범위를 설정해서 검색식을 작성하는 것이 좋다.

[거래량]은 해당 주식의 당일 거래된 수량이 어느 정도인지 나타내며, [유통주식수]는 총 발행된 주식 수에서 대주주 및 특수관계인의 물량을 제외하고 실제 시장에서 거래되고 있는 주식 수량을 나타낸다.

왼쪽 풀다운 메뉴 중 주황색박스들은 보통 검색식에 자주 사용되는 항목들이다.

05

검색기 파헤쳐보기 - [시세분석① 가격조건]

다음으로 **[시세분석]** 메뉴를 보면, **[가격조건]**이 보이는데 그 아래 풀다운 메뉴 중 가장 중요한 항목이 **[주가등락률]**이다. **[주가등락률]**은 말 그대로 해당 종목의 주가가 얼마나 변동했는가를 나타내는 것이다.

오른쪽 상단의 주황색 큰 박스를 살펴보면, 보통 **전일(1봉전) 종가** 대비 **당일(0봉전) 종가**가 얼마나 상승했는가를 많이 보는데, 장 중 진입 시에는 **당일(0봉전) 시가** 대비 **당일(0봉전) 종가**(현재가)의 등락률도 많이 사용된다. 상승률만 검색할 수도 있고 그 아래 상승률의 범위를 지정할 수도 있다. 상승률 범위지정은 당일 너무 많이 오른 종목들을 배제할 때 사용된다.

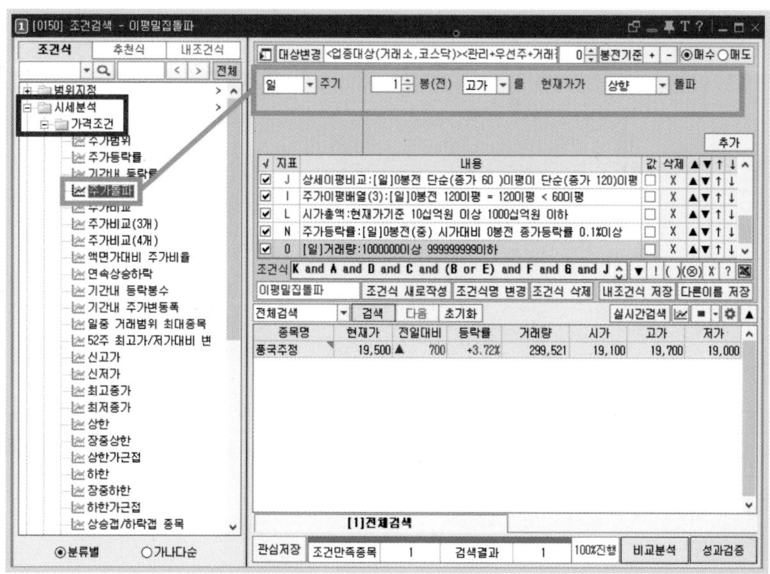

다음으로 많이 사용되며 중요한 조건 중 하나가 [주가돌파]이다. 기본적으로 주식 투자에 있어서 "돌파"는 매우 중요하다. 즉, 가만히 있던 주가가 특정 저항구간을 돌파했는데 여기에 거래량 및 거래대금이 현저히 증가했다면 이는 향후 상승 내지는 급등할 확률이 매우 높아졌다는 뜻이다.

여기서 특정 저항구간은 매물대(보조지표)로 설정할 수도 있고 일봉상 이전 일봉들이 특정 가격을 돌파하지 못하고 계속해서 부딪혀 내려온 가격대가 되기도 한다. 보통 현재 봉 기준으로 이전 10봉의 고점 내지는 그 10봉 중 고점 돌파가 안 된 양봉의 고점 부근 종가 혹은 음봉의 고점 부근 시가들이 저항의 역할을 많이 하기에 이를 돌파할 때는 주목해야 한다.

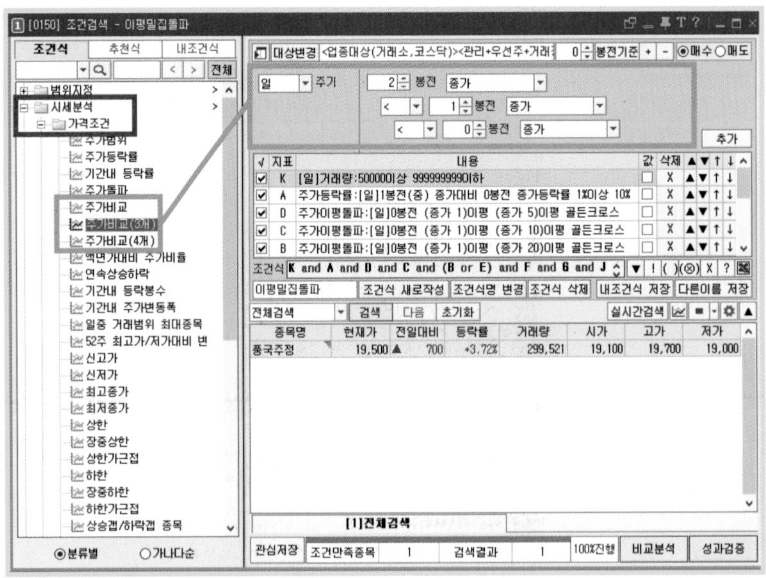

다음으로 [주가비교] 항목도 검색식 작성 시 유용하게 사용된다. 키움증권 영웅문 HTS에서는 3가지 주가 비교를 제공하고 있는데, 캔들 2개, 3개, 4개를 각각 비교할 수 있다.

[주가비교]는 보통 일봉 캔들의 상승 추세 내지는 각도를 가늠할 때 사용하며 강한 추가 상승 신호인 적3병, 적4병 캔들을 단지 양봉으로만이 아닌 세밀하게 시가, 고가, 저가로 표현할 수 있게 해준다. 예를 들어, 같은 적3병이어도 고가 및 저가가 계속 상승하는 적3병을 구현할 수 있다.

이와 비교해 살펴볼 것이 [연속상승하락]과 [캔들연속발생] 항목이다.

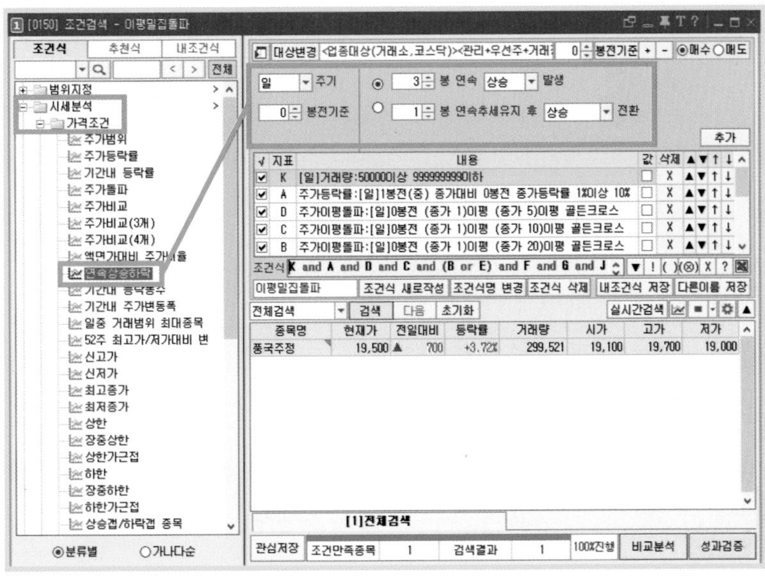

[연속상승하락] 항목은 앞의 [주가비교]와 비슷하지만 3봉 연속 상승 발생을 예로 들어보면, 꼭 3봉 연속 상승이 적3병은 아닐 수 있다. 즉, 3봉째 시가가 갭 상승한 이후 주가가 하락해 음봉(**당일 종가가 시가보다 낮음**) 마감했다고 할 때 그 음봉 종가가 전일 종가보다 높은 위치에 있으면 3봉 연속 상승이 되기 때문이다.

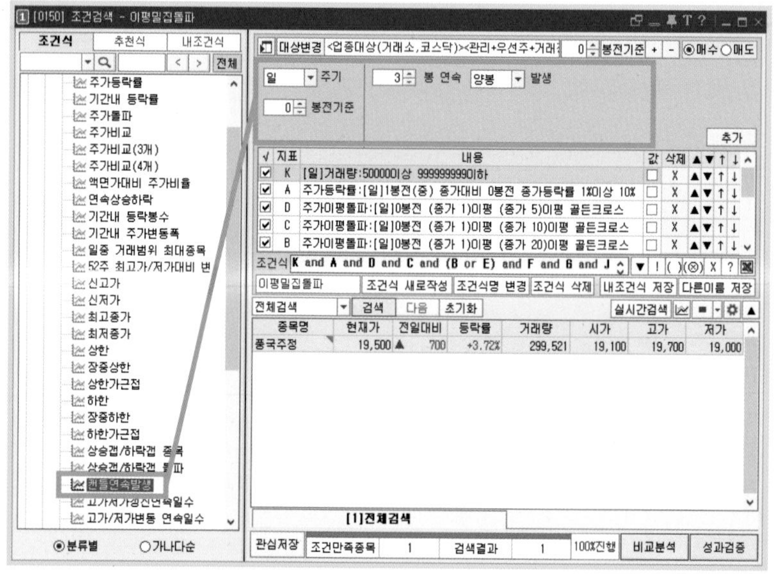

[캔들연속발생]도 [주기비교] 항목과 비슷하지만 역시 적3병을 예시로 들어보면, **[3봉 연속 양봉 발생]**의 뜻은 적3병이긴 하지만 캔들의 색깔만 빨간색 양봉(**당일 종가가 시가보다 높음**)이란 뜻이지 반드시 3봉들의 종가가 계속 높아진다는 뜻이 아니다. 즉 당일 시가보다 종가가 높으면 양봉이지만 이날 종가가 반드시 전일 혹인 전전일 종가보다 높다는 보장은 없다.

다음으로 [신고가] 항목을 살펴보자.

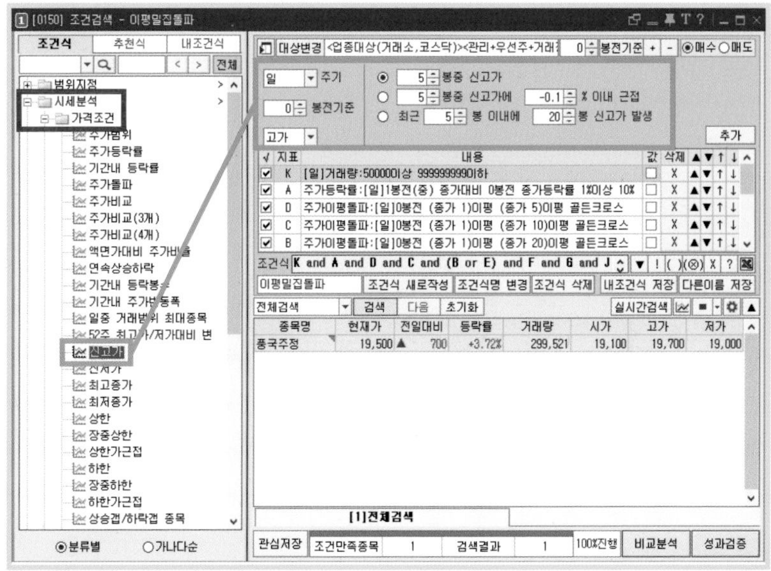

우리가 투자를 하면서 1년 기준인 52주 신고가를 돌파하는 종목이 중요하다는 말을 많이 들어봤을 것이다. 이때 사용하는 것이 [신고가] 항목이다. **[신고가]** 항목 내용을 보면 단순히 일봉상 **[종가]**만 신고가가 아닌 [고가] 기준으로도 신고가를 설정할 수 있다.

여전히 52주 신고가 종목은 중요하다고 할 수 있지만 실전에서는 기간을 짧게 설정해서 그 기간을 돌파하는 신고가가 단기 수익률은 더 높은 경향이 있다. 또한 최근 주식 시장이 침체기에 빠져 있기 때문에 52주 신고가 종목만을 노려서는 수익률 제고에 한계가 있다. 앞에 예시된 5봉 중 신고가란 뜻은 일봉상 현재 봉 포함 이전 5개 봉 중 당일 현재가(종가 혹은 고가)가 신고가를 갱신한 종목을 추출하란 뜻이다.

또한 실전에서는 신고가 이후 주가가 단기 하락을 하는 경우가 상당히 많기 때문에 신고가에 살짝 못 미치는 가격에 종가 및 고가를 형성한 종목을 발굴해 신고가 달성 시 수익 실현하는 전략을 취할 수 있다. 이때는 두 번째 조건입력식인 [신고가 근처 몇 % 이내 접근]이라는 항목을 사용하면 된다.

06
검색기 파헤쳐보기 - [시세분석② 거래량]

[범위지정]과 **[시세분석]**의 주요 항목을 살펴보았는데, 다음으로 중요한 것이 **[거래량]**이다. 주식 투자 분석 도구 중 **[보조지표]**란 것들이 있는데, 예를 들어 **이동평균선**, RSI, **스토캐스틱**, MACD, **볼린저밴드**, **일목균형표** 등 수많은 보조지표들은 모두 다 주가의 후행성이다. 주가의 후행성이란 뜻은 향후 주가의 예측을 담보할 수 없다는 뜻이다. 그렇기에 **[주 지표]**가 아닌 **[보조지표]**란 말이 붙은 것이다. 일부에서는 일목균형표는 후행성이 아니라고 말하지만 이 역시 후행지표다. **[보조지표]**는 말 그대로 보조이기 때문에 **[주 지표]**를 확실히 분석한 이후 참고만 하는 것이 좋다.

여기서 **[주 지표]**는 **캔들**과 **거래량**이다. 거래량도 보조지표 카테고리에 있지만 유일하게 주가의 선행성을 내포하고 있다. 예를 들어 가만히 있던 주가가 대량의 거래량 및 거래대금을 동반하며 강한 장대양봉을 형성했다면 일단 이 종목에 큰 호재가 있든지 아니면 선도세력(일명 큰손)들이 관심을 갖고 매집했을 확률이 매우 높다. 이후에는 당연히 추가 상승이 나올 확률이 높다. 물론 장대양봉이 나왔을 때 덥석 매수하는 것이 아니라 주가의 위치와 주가의 패턴, 지지와 저항, 추세 등을 모두 참고해서 신중히 매수해야 하지만 일단 거래량이 대량으로 증가했다는 건 중요한 의미가 있다.

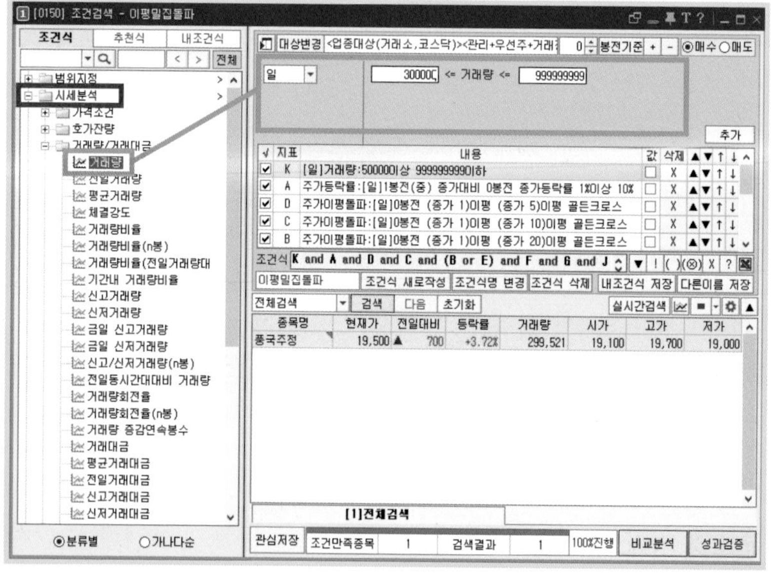

우선 [시세분석] - [거래량/거래대금] 탭에서 첫 번째 [거래량] 항목을 선택하면 오른쪽 조건 입력장에 **[거래량] 범위 설정**이 나온다. 일봉 기준으로 종가배팅이나 스윙 검색식을 사용할 때는 보통 일 거래량 30만 주 이상을 많이 사용한다. 너무 거래량이 적으면 진입과 청산을 하기에 쉽지 않고 너무 거래량을 많이 설정하면 시세 분출 이후 끝물을 잡거나 이로 인해 시세 분출 직전의 종목들을 놓칠 수 있기 때문이다. 하지만 매우 강한 종목의 추가 상승을 노리는 공격적인 투자자라면 100만 주 이상으로 설정하기도 한다.

분봉 기준으로 장 중 매매를 위한 검색식을 작성할 때는 일 중의 특정 시간대에서 공략해야 하기 때문에 보통 20만 주 이상으로 설정한다. 즉, 분봉 매매 시에는 아직 하루가 완성되지 않았기 때문에 너무 많은 거래량을 설정하지 않아야 종목 검색이 원활히 된다.

진입과 청산, 즉 매수와 매도를 원활하게 할 수 있는 종목을 검색할 때 거래량과 더불어 밑에 [체결강도]를 많이 사용한다.

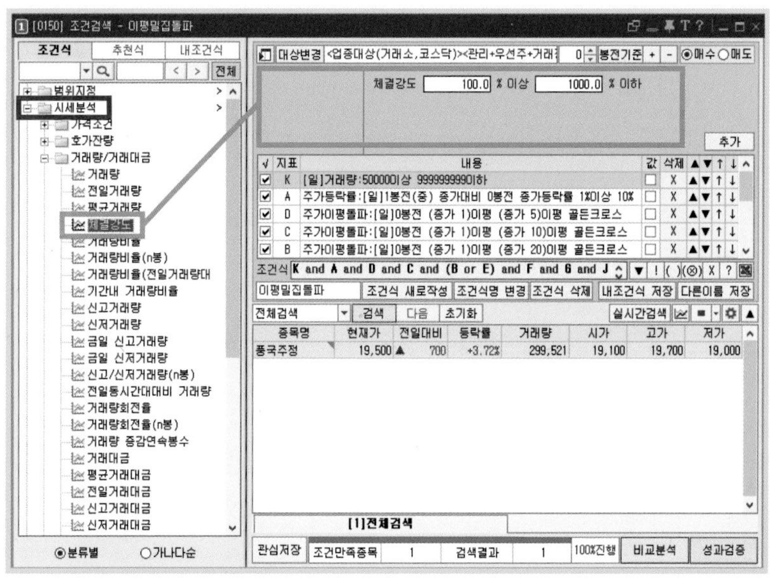

[체결강도]가 100% 이상이란 뜻은 **매수 및 매도호가의 틈이 없어 상대호가, 즉 제1 매수가 및 매도가에 원활히 매수 및 매도를 체결시킬 수 있다**는 뜻이다. **[체결강도]**는 보통 장 중 매매에 많이 설정하는데 장 중 단타는 목표수익률을 높지 않게 잡아야 하기에 호가 갭(슬리피지 - 매수1호가와 매도1호가 사이 가격에 매수매도 수량이 없는 상황) 없이 체결되는 것이 중요하기 때문이다. **[체결강도]**는 100% 이상만 설정해놓으면 된다.

장 중 매매 시 **[거래량]** 조건과 더불어 아주 많이 사용되는 항목이 [전일동시간대대비 거래량]이다.

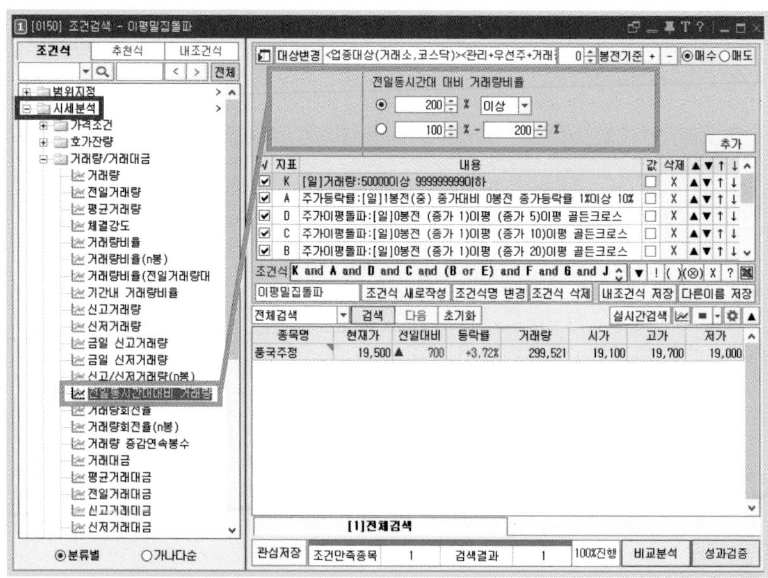

보통 당일 장 종료 후 주가가 많이 상승했거나(윗꼬리 마감) 많이 상승한 채(장대양봉)로 마감한 종목들을 살펴보면 모두 전일 대비 거래량이 많게는 1,000% 이상 증가한 종목들임을 알 수 있다. 즉, 주가가 급등하기 위해서는 반드시 전일 대비 거래량이 폭증해야 하는데, 당연한 것이 주가는 덩치 큰 세력(외국인, 기관, 선도세력 등)만이 올릴 수 있기 때문이다.

이를 장 중에 포착하는 방법 중 중요한 항목이 바로 [전일동시간대대비 거래량]이다. 즉, 전일 대비 거래량이 얼마나 증가했는지를 장 종료 후까지 기다리지 않고 장 중에 이를 포착하면 세력이 시세를 분출시킬 때 같이 수익을 취할 수 있다.

[전일동시간대대비 거래량] 비율은 보통 200%(전일 같은 시간 대비 당일 거래량이 2배로 증가했다는 뜻)를 많이 사용하는데, 좀 더 강한 종목을 추출하고자 할 때에는 300% 이상으로 설정한다.

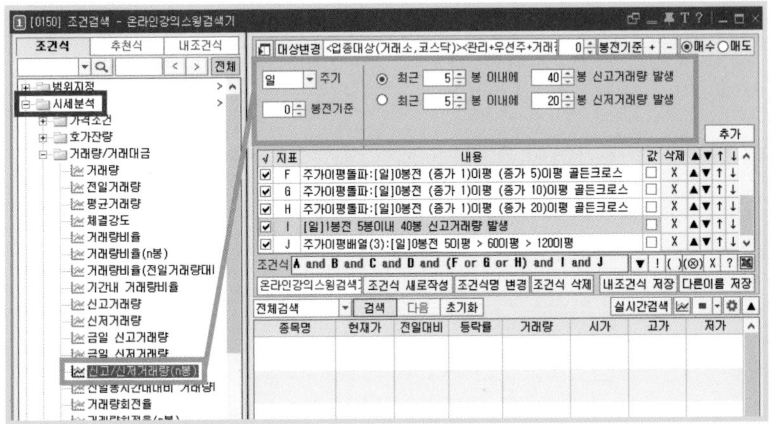

[거래량] 탭에서 역시 자주 사용되는 항목이 [신고/신저거래량(n봉)]이다. 주가가 상승 혹은 급등하기 위해서는 거래량 폭증이 선결조건임을 계속 언급했다. 그런데 보통 스윙 매매 시 거래량 급증이 나온 뒤에 따라 들어가면 며칠 하락조정을 보이는 경우가 많다. 이는 세력이 인위적으로 장대양봉 고가에 따라 들어온 개인 투자자들을 털어내는 작업일 확률이 높다. 그래도 개인 투자자들이 손절을 안 하고 버티면 심하게는 20일선 및 60일선까지 이탈시킨 후에 다시 올리는 경우도 있다.

이를 방지하기 위해 보통 1봉전(전일) 기준 최근 5봉 이내에서 직전 40봉(약 2달) 최대거래량을 확인하고 하락조정(눌림목)을 확인한 후에 재차 상승 시 따라붙는 전략을 구사할 때 이 조건식이 많이 사용된다.

앞의 자료에서 예시된 것처럼 나는 **[최근 5봉 이내에 40봉 신고거래량 발생]**을 사용한다. 이유는 당일 기준 5봉(5일 전) 이내에서 최대거래량이 터졌다는 것은 최근 세력들이 해당 종목에 많은 관심을 갖고 있다는 뜻이고 그 최대거래량이 또한 최소한 2달 내 최대거래량이어야 의미가 있기 때문이다.

07

검색기 파헤쳐보기 - [시세분석③외국인]

주식 시장에서 선도세력, 즉 큰손은 여러 주체가 있지만 그중 가장 강력한 영향력을 행사하는 주체는 외국인과 기관이다. 외국인이나 기관이 강하게 순매수하는 날은 거의 대부분 주가지수가 급등하고 상승 종목들이 많아진다. 여기서 더 나아가 외국인 및 기관이 며칠 동안 연속해서 순매수를 한다면 더욱 의미가 커진다. 따라서 장 중 매매보다는 종가매수 혹은 스윙매수 시 외국인과 기관의 순매수 동향을 살펴보고 검색식에 반영하는 것은 의미가 있다.

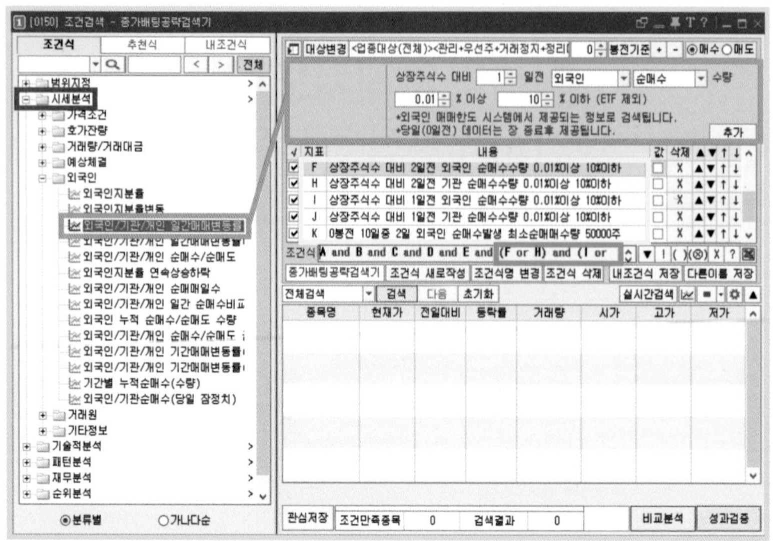

[시세분석]의 [외국인] 탭에서 [외국인/기관/개인 일간매매변동률] 항목을 살펴보면 [상장주식수 대비 1일 전 외국인 순매수 수량이 0.01% 이상 10% 이하 (ETF제외)]로 설정되어 있는데 **노란색박스**의 내용처럼 최소 2일 전부터 외국인과 기관의 순매수수량을 설정하는 것이 좋다.

여기서 녹색박스를 보면 (F or H)라고 되어 있는 것은 2일 전에 외국인과 기관 두 주체 중 한 주체만 순매수를 하면 해당 종목을 추출하란 뜻이고 1일 전도 마찬가지다. 물론 외국인과 기관 모두 강력한 주체이기 때문에 두 주체 모두 순매수를 하면 좋겠지만 그렇게 되면 약간 타이트한 조건이 되어 종목 추출이 제한적일 수 있다.

참고로 [and] 조건은 두 조건을 모두 만족시키란 뜻이고, [or] 조건은 둘 중 하나만 만족하면 된다는 뜻이다.

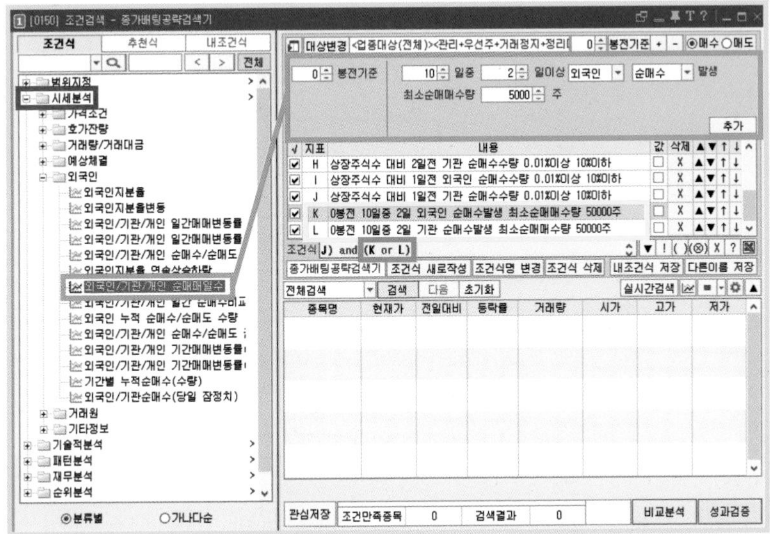

[외국인/기관/개인 일간매매변동률]과 함께 [and] 조건으로 묶으면 좋은 것이 [외국인/기관/개인 순매매일수] 항목이다. 이 항목은 [10일 중 2일 이상 외국인 혹은 기관 최소 순매수 수량이 5만 주]는 되어야 의미가 있다. 즉, 외국인 혹은 기관의 순매수 수량이 너무 적거나 10일 중 최소 2일간 순매수가 들어오지 않는다면 매집의 의지 및 최소한의 연속성은 없다고 봐야 한다.

08

검색기 파헤쳐보기 - [기술적분석]

조건검색식 내 [기술적분석]은 **보조지표에 대한 내용**이다. 앞에서 보조지표는 주가의 후행성이라고 언급한 바 있지만, 진입 시 상승 확률을 높이기 위해 사용하면 도움이 된다. 하지만 상승 확률을 높이기 위해 보조지표를 아무렇게나 마구잡이식으로 검색식에 넣으면 서로 충돌해서 아무 종목도 검색이 되지 않을 수 있으니 주의해서 사용해야 한다.

다음 자료 [기술적분석]에서 첫 항목으로 보이는 것이 [이동평균선돌파]이다. 이동평균선의 의미는 **〈2장. 검색식 처음부터 만들어보기〉**에서 자세히 설명하겠지만 **종가의 평균**을 의미한다. 예를 들어 20일 이동평균선은 20일 동안의 종가를 평균 내어 이를 선으로 표현한 것이다.

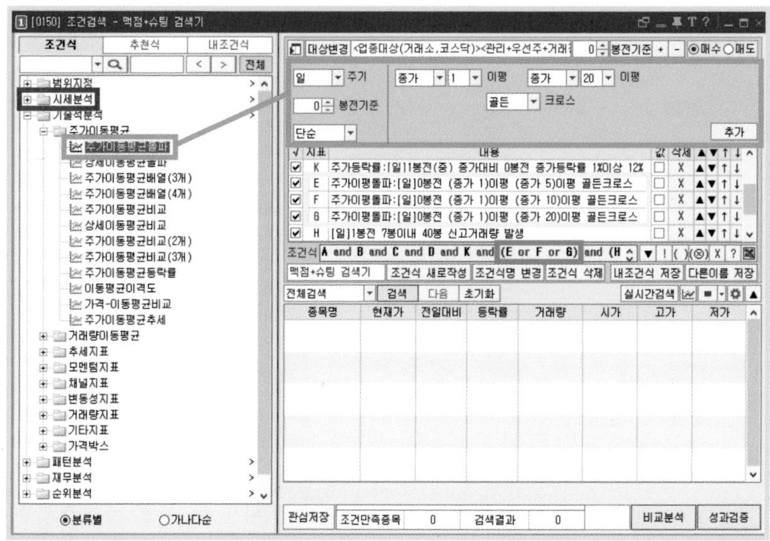

[이동평균선돌파] 항목은 **설정한 이동평균선을** 당일 종가(1 이평)**가** 골든크로스(돌파)**하는 종목을 추출**하라는 뜻이다.

당일 고가가 돌파하는 경우도 설정할 수 있지만 보통 이동평균선을 종가상 돌파하는 것이 의미가 있다. 장 중 고가만 돌파하고 종가상 돌파하지 못하는 경우에는 종가가 시가보다 내려가는 윗꼬리 음봉이 만들어질 수도 있으니 주의해야 한다.

녹색박스를 보면 각 주요 이동평균선을 돌파하는 조건이 [or] 조건으로 묶여 있는데 **이는 5일, 10일, 20일 이동평균선 중 하나만 만족하면 해당 종목을 추출**하란 뜻이다. 이에 대한 의미는 차차 자세히 설명할 것이다.

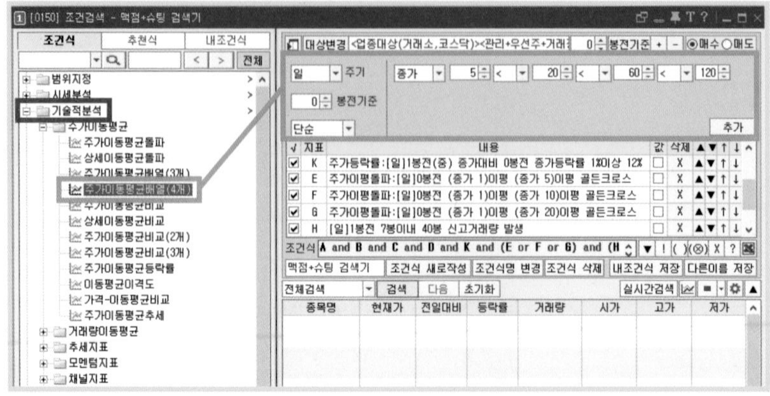

[주가이동평균선배열] 항목은 이동평균선들이 어떤 위치에 있는지를 나타내는 것이다. 예를 들어 5일선이 20일선 위에 위치해 있는 종목을 찾으려면 [5 > 20]으로 설정하면 된다. 5일선이 20일선 위에 위치해 있다는 의미는 최근 주가가 상승 추세에 있다는 뜻이다. 물론 평균값이기 때문에 꼭 현재 당일 현재가 혹은 종가가 최고가란 의미는 아니다.

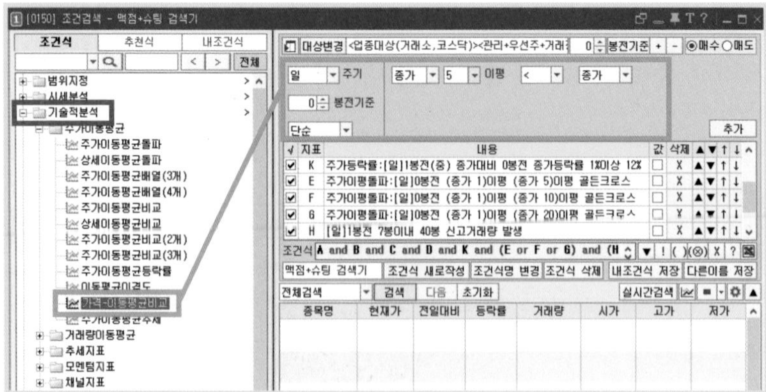

[가격-이동평균비교]는 앞의 **[주가이동평균선배열]**을 보완하는 항목이다. 즉, 이동평균선들의 배열만으로는 강한 시세를 보이고 있는 종목을 발굴하는 데 한계가 있기 때문에 현재 당일 종가가 이동평균선 위에 있는 종목을 추출할 때 사용한다.

당일 종가가 5일 이동평균선 위에 있다는 뜻은 최근 5일 동안의 매물벽을 돌파했다는 뜻이기 때문에 **[주가이동평균선배열]**보다는 더욱 강한 종목을 찾아낼 수 있다.

이 외에 검색기에 넣으면 도움이 될 수 있는 지표들로는 볼린저밴드, Envelope, RSI, Demark 등의 지표가 있는데 이는 **〈2장. 검색식 처음부터 만들어보기〉** 및 **〈4장. 실전에서 수익 내기 ① 스윙 검색기 및 성과검증〉** 편에서 다루도록 한다.

02

검색식 처음부터 만들어보기

01
기초검색식 ① - [범위지정]

2장에서는 기본적인 검색식을 직접 설정해보면서 최종적인 실전검색기를 만들기 위한 기초를 배워보도록 한다.

우선 [범위지정]부터 하나씩 시작해보도록 하자.

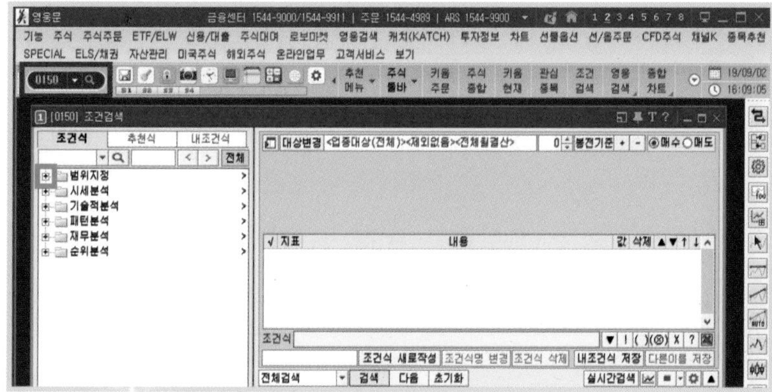

우선 **키움증권 영웅문** HTS에서 왼쪽 상단 검색창에 화면번호 [0150]를 넣거나 돋보기를 클릭한 후에 [조건검색]이라고 입력하고 엔터를 누르면 앞의 **[조건검색]** 화면이 열린다.

[조건검색]창이 열리면 녹색박스 표시된 [+] 부분을 클릭하면 다음과 같이 [범위지정] 풀다운 메뉴가 생성된다.

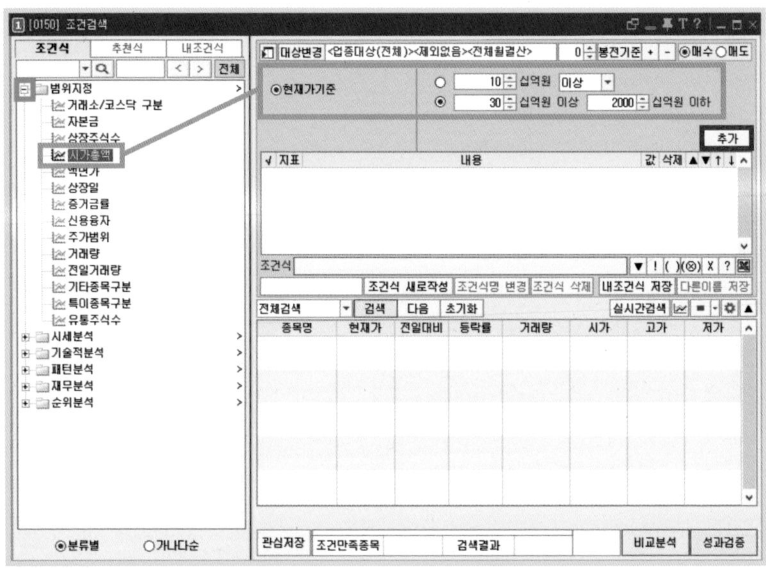

[범위지정] 밑에 여러 풀다운 메뉴가 생긴 것을 확인할 수 있다.

[범위지정]에서는 실전에서 자주 사용되는 [시가총액], [주가범위], [거래량]을 설정해보도록 하자.

우선 [시가총액]을 클릭하면 오른쪽 주황색박스에 시가총액의 범위를 설정할 수 있는 내용이 나온다. 두 번째 동그라미를 선택해 [시가총액 300억 원 이상 2조 원 이하]로 입력해본다. 여기서 주의할 점은 시가총액 단위가 [10억 원] 단위이므로 0의 개수를 잘 입력해야 한다.

입력이 끝나면 그 아래 **빨간색박스**의 [추가] 클릭한다.

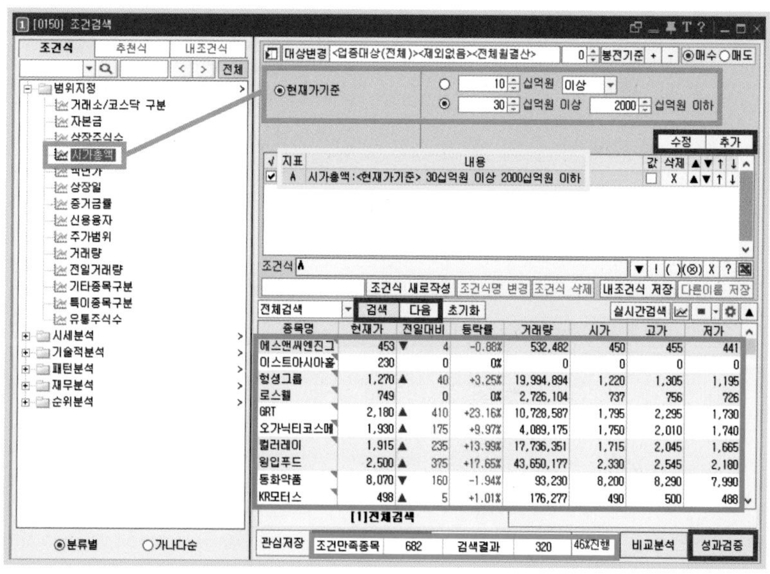

[추가] 버튼을 누르면 **[추가]** 버튼 옆에 [수정] 버튼이 생성되면서 아래 지표 내용(**노란색박스**)에 위 주황색박스에서 설정한 시가총액의 범위가 나타난다. 만약 내용을 변경하고자 할 때는 처음 값을 적어 넣었던 주황색박스에서 값을 변경하고 [수정] 버튼을 누르면 노란색박스 내용 값이 변경된다.

설정이 끝났으면 그 아래 빨간색박스의 **[검색]**을 누른다. **[검색]**을 누르면 그 아래 빈 공간(녹색박스)에 설정한 **시가총액 범위**에 부합하는 종목들이 검색된다. 여기서 화면 하단의 파란색박스를 보면 조건만족종목이 682개라고 나오고 검색 결과는 320개라고 되어 있는데, **[검색]** 버튼 옆에 **[다음]** 버튼을 비활성화될 때까지 클릭하면 검색 결과가 682개로 늘어나면서 **100% 진행**이라고 표시된다.

파란색박스 오른쪽의 **[성과검증]** 버튼은 실제 완성된 실전 검색식의 과거 성과가 어떠했는지를 알아볼 때 사용하는 것인데 이는 **〈4장. 실전에서 수익 내기 ① 스윙 검색기 및 성과검증〉**, **〈5장. 실전에서 수익 내기 ② 장 중 단타 검색기 및 성과검증〉**에서 자세히 알아보기로 한다.

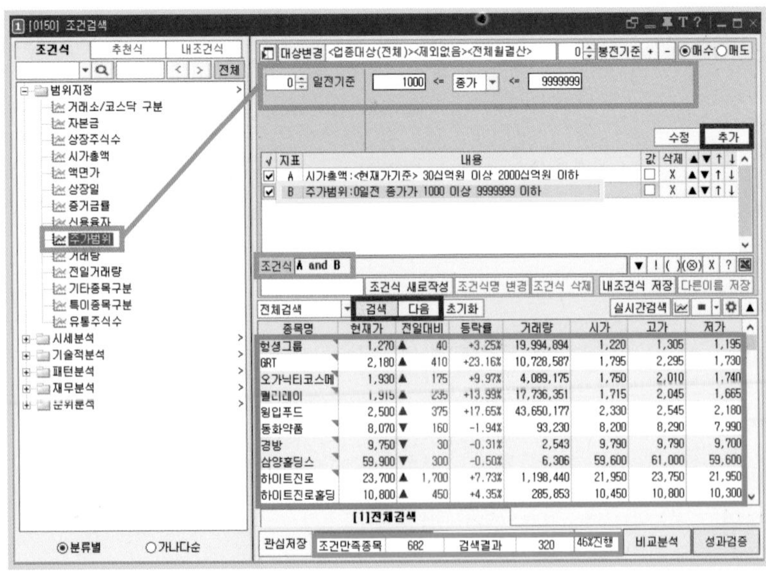

[범위지정]에서 **[시가총액]** 다음으로 설정할 것이 [주가범위]이다. [주가범위]는 주식의 **당일 종가(현재가)**가 어떤 가격범위 내에 있는지를 설정하는 조건식인데, 1,000원 미만의 종목은 일명 동전주라고 해서 거래하지 않는 것이 좋다. 물론 1,000원 미만 종목이 모두 부실주는 아니지만 주가가 조금만 변해도 % 변동률이 매우 높다는 점과 보통 부실주가 많이 섞여 있어 경험상 피하는 것이 좋다.

[주가범위]를 클릭하면 마찬가지로 오른쪽 주황색박스에 **[주가범위]**를 설정할 수 있는 조건입력창이 나온다. 여기에서 **[0일 전 기준]**으로 설정된 값을 그대로 사용하는데 [0일 전]이라 함은 **검색 당일**을 뜻한다. [주가범위]는 1,000원 이상으로 설정한다. 오른쪽에 **[9999999]**라고 쓴 것은 주가범위의 **최대값**을 임의로 써넣은 것으로 1,000원 이상의 종목은 모두 검색하라는 뜻이다.

[주가범위] 입력 값을 설정한 후에 마찬가지로 [추가] 버튼을 누르면 **지표 내용(노란색박스)**에, 설정된 [주가범위] 조건식이 **[시가총액]** 조건식 밑에 추가된다.

이렇게 2가지 조건식이 설정된 후에는 자동적으로 밑에 [조건식 A and B](A. **시가총액**, B. **주가범위**)처럼 [and] 조건으로 묶인다. 이 뜻은 A와 B 조건식 둘 다 만족하는 종목을 추출하라는 뜻이다. 만약 A와 B 조건식 중 하나만 만족해도 종목을 추출하게 하려면

[A or B] 설정하면 된다. **[조건식 A and B]**에서 마우스로 [and] 부분을 더블클릭하면 **[or] 조건**으로 바꿀 수 있다.

자, 이제 [검색] 버튼을 클릭하면, 녹색박스에 A와 B 조건을 동시에 만족하는 종목들이 추출된다. 그 밑에 파란색박스를 보면 A와 B 조건을 동시에 만족하는 종목 수가 여전히 682개 종목임을 알 수 있다.

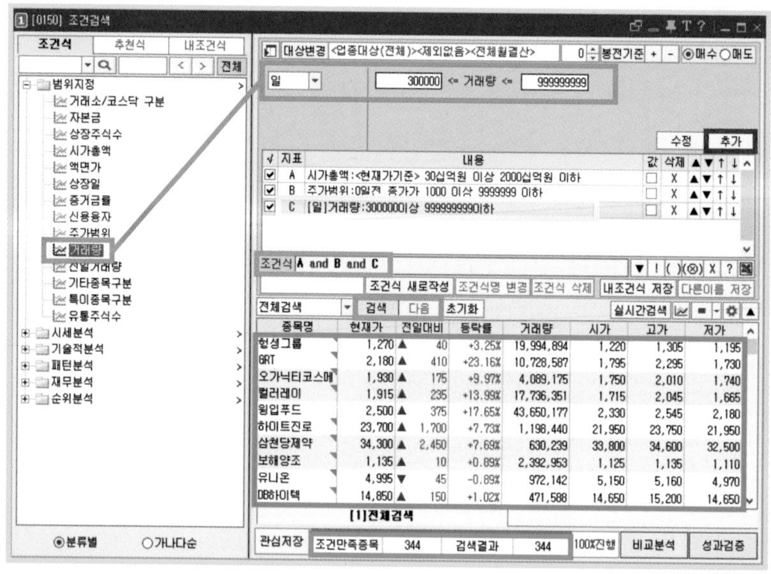

마지막으로 [거래량]을 설정해보자.

[거래량]을 클릭하면 마찬가지로 오른쪽에 거래량 설정 조건식이 나온다. 여기서 [일] **기준** 30만 주 이상으로 설정해본다. **[일]** 기준은 필요에 따라 **[주], [월], [분]** 기준으로도 설정할 수 있다.

[추가] 버튼을 클릭하면, 지표 내용에 [C. [일] 거래량 : 300000 이상]이 표시됨을 알 수 있고 그 밑에 **조건식**을 보면 [A and B and C] 즉 A, B, C 조건을 동시에 만족하는 종목을 추출하라고 표시되어 있음을 확인할 수 있다.

[검색] 버튼을 클릭하면 녹색박스에 **시가총액, 주가범위, 거래량 조건**을 모두 만족시키는 종목들이 추출된다. 하단 **파란색박스**를 보면 최초 682개 종목에서 344개 종목으로 종목 수가 줄어든 것을 볼 수 있는데, 조건식을 하나씩 추가하면 할수록 당연히 조건식들을 모두 만족하는 종목들은 줄어들게 된다.

추출된 종목들 중 한 종목을 살펴보자. 검색종목 추출창 맨 위에 [헝셩그룹]이라는 종목의 차트를 보자.

앞 [형성그룹]의 일봉 차트에서 **빨간색박스**를 보면 [시가총액]이 960억 원이라고 되어 있고, **주황색박스**를 보면 이 주식의 [현재가]가 1,200원임을 알 수 있다. 또, **녹색박스**를 보면 이날 [거래량]이 7,606,601주 거래됐음을 나타내고 있다. 즉, 3가지 조건식에 모두 부합하는 종목임을 알 수 있다.

02

기초검색식 ② - [이동평균선 정배열]과 [이동평균선 돌파]

다음으로 살펴볼 기초검색식은 [이동평균선 정배열]이다.

1장에서 **[이동평균선]**에 대해 간략히 설명했듯이, 종가를 평균해서 선으로 표현한 것이 이동평균선이다.

보통 종가를 단순히 평균한 값인 **단순이동평균선**을 많이 사용하는데, 이동평균선의 종류에는 지수, 기하, 가중, 조화, 삼각 이동평균선 등이 있다. 이동평균선은 후행성인 보조지표이므로 이동평균선의 종류에 별로 신경 쓸 필요 없이 그냥 **단순이동평균선**을 사용하면 된다.

[이동평균선 정배열]이란 현재가인 당일 종가를 기준으로 평

균한 날의 수가 적은 이동평균선이 많은 날을 평균한 이동평균선 위에 순차적으로 위치해 있는 것을 말한다. 예를 들어, **[5일 종가를 평균한 5일 이동평균선 〉 20일 종가를 평균한 20일 이동평균선 〉 60일 종가를 평균한 60일 이동평균선]**과 같은 위치를 [이동평균선 정배열]이라고 하고 반대를 **[이동평균선 역배열]**이라고 한다. 좀 더 세밀하게 분석할 때는 10일선과 120일선을 같이 배열한다.

[이동평균선 정배열]은 **보통 주가의 추세(움직임의 방향)가 우상향**임을 뜻한다. 주가는 한번 방향을 설정하면 그 방향대로 가려는 속성이 강하다. 따라서 초심자들은 정배열 종목에서 종목을 선정하는 것이 좋다.

물론 급등주들은 역배열 상태나 혼조세(장단기이동평균선이 꼬여 있는 상태)에서 급등하는 경우도 많지만, 실적을 바탕으로 천천히 우상향하는 종목이나 추세를 타고 10배 이상 나오는 대급등주는 이동평균선이 정배열에서 탄생하는 경향이 강하므로 정배열의 의미를 가볍게 여기면 안 된다.

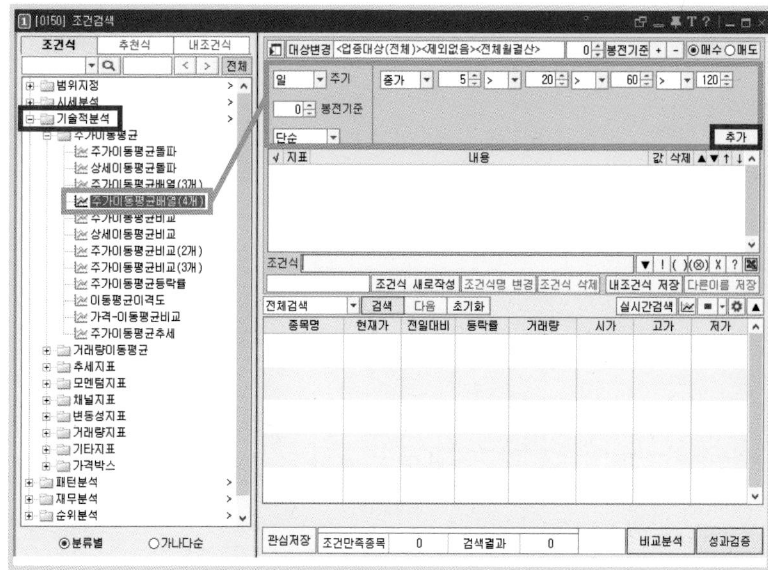

조건검색창에서 [기술적분석] - [이동평균선배열(4개)]를 클릭하면 오른쪽 **주황색박스**에 **[이동평균선] 배열**에 대한 수식 입력창이 나온다. 일봉 기준이면 [일]기준으로 하고, [0봉전]기준은 검색 당일 기준이란 뜻이며, [단순]은 단순이동평균선을 뜻한다.

여기서 크기 부호를 낮은 숫자가 큰 방향으로 바꾸면 정배열 조건이 완성된다. 입력이 끝나면 [추가] 버튼을 누른다.

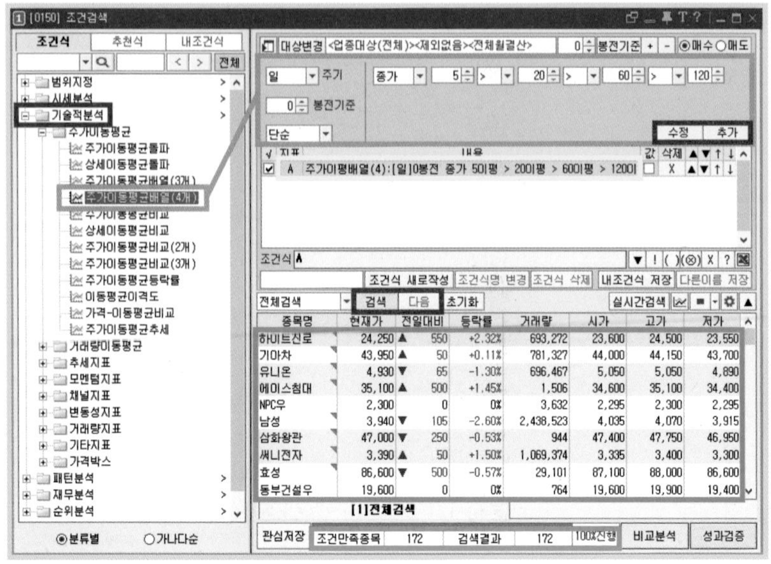

[추가] 버튼을 누르면 **[범위지정]**에서 설명한 대로, 지표 내용에 [주가이평배열] 조건식이 추가된다(**노란색박스**). 값을 수정하고 싶으면 **조건값 입력창**(주황색박스)에서 값이나 부호를 다시 입력한 후 [수정] 버튼을 누르면 도출된 조건식의 값이나 부호가 변경된다.

확인 후 [검색] 버튼을 누르면 자료처럼 녹색박스에 조건에 부합하는 종목들이 추출된다. 하단 파란색박스를 보면 조건을 만족하는 종목들이 전체 2,200개 중 172개 추출됨을 알 수 있다.

추출된 종목 중 [하이트진로]의 차트를 살펴보자.

위 [하이트진로]의 일봉 차트의 왼쪽 위의 빨간색박스를 보면 종목명이 나오고 옆에 [종가 단순 5 10 20 60 120]이라고 되어 있는 것을 볼 수 있다. 종가 및 단순은 종가를 기준으로 한 **단순이동평균선**이란 뜻이고, **숫자**들은 각각의 이동평균선을 나타낸다. 숫자들의 색은 차트에 표시되는 각각의 이동평균선 색과 일치한다.

눈에 잘 띄게 하기 위함이니 색상이나 선의 굵기 등은 이동평균선을 나타내는 숫자나 차트상의 이동평균선을 더블클릭하면 원하는 색과 굵기로 변경가능하다.

내 차트에는 10일선이 추가되어 있어 예시 차트에 표시된 것이다.

차트 오른쪽 녹색박스를 보면 각각의 이동평균선들이 [5 〉 20 〉 60 〉 120]으로 되어 있는 것을 알 수 있다. 주가의 움직임을 보면 우상향의 상승 추세를 보이고 있음을 알 수 있다.

실전에서는 [하이트진로] 차트처럼 상승하는 종목이 5일선부터 120일선까지 모두 정배열(이를 "완전정배열"이라고 한다)인 경우도 있지만 5일선 〉 20일선 정도만 정배열이고 나머지 이동평균선은 혼조국면인 경우에도 상승하는 경우가 많다. 예를 들어 120일선이 가장 위에 있는 장기 역배열 상황에서 5일선 〉 20일선, 즉 단기 이동평균선들이 정배열일 때 급등하는 종목들도 자주 나온다. 따라서 급등하는 많은 차트를 관찰하면서 **[이동평균선 정배열]** 조건을 부분적으로 설정하고 다른 조건을 부가해 나만의 검색식을 만들어보는 것이 의미가 있다.

다음으로 [이동평균선 돌파]를 알아보자. 1장의 '05. 검색기 파헤쳐보기-[시세분석 ①가격조건]'에서, 움직임이 작던 주가가 특정 저항구간을 돌파하는 것은 중요한 의미가 있다고 언급했다. 특정 저항구간은 주로 차트에서 지지가 저항으로 바뀐 지점이 되는데 이와 더불어 주가가 하향 이탈된 주요 이동평균선도 저항 라인이 된다.

수요 이동평균선은 20일 이동평균선**과** 60일 이동평균선인데, 20일 이동평균선은 한 달 동안 종가를 평균한 선으로 **수급선**이라고도 불리며, 60일 이동평균선은 석 달 동안 종가를 평균한 선으로 **중기선**으로 불린다.

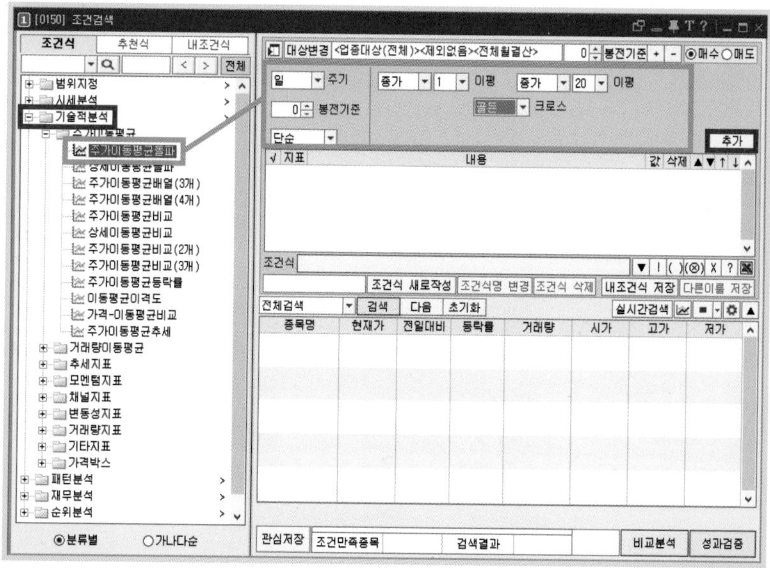

[기술적분석] - [주가이동평균돌파]를 클릭하면 오른쪽 **주황색박스**에 이동평균선을 돌파하는 조건 입력창이 나온다. 여기서도 마찬가지로 [일]주기는 **일봉**을 나타내며, [0]봉전이란 **검색 당일**을 뜻한다.

예시에 [종가 1이평]이 [종가 20이평] [골든]**크로스**라고 되어 있는데, **[종가1이평]**이란 1일 평균이므로 **당일 종가**(**종가 전에는 현재가**)를 뜻하며, **[골든크로스]**란 당일 현재가 혹은 종가가 20일 이동평균선을 아래에서 위로 **돌파**한다는 의미다. 반대로 **[데드크**

로스]는 현재가 혹은 종가가 20일 이동평균선을 위에서 아래로 **하향 돌파**한다는 걸 뜻한다.

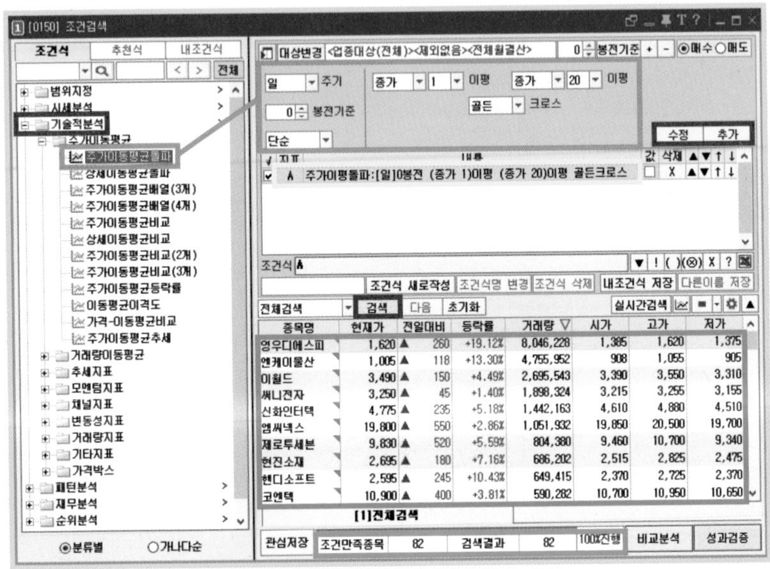

조건식에 입력이 완료되고 [추가] 버튼을 누르면 **지표 내용**에 **노란색박스**처럼 주가이평돌파 조건식이 나타나고 [검색] 버튼을 클릭하면 해당 조건에 부합하는 종목들이 **녹색박스**에 추출된다. 맨 아래 조건만족종목이 82종목이라고 나오는 것을 확인할 수 있다.

추출된 종목 중 [영우디에스피]란 종목의 차트를 살펴보자.

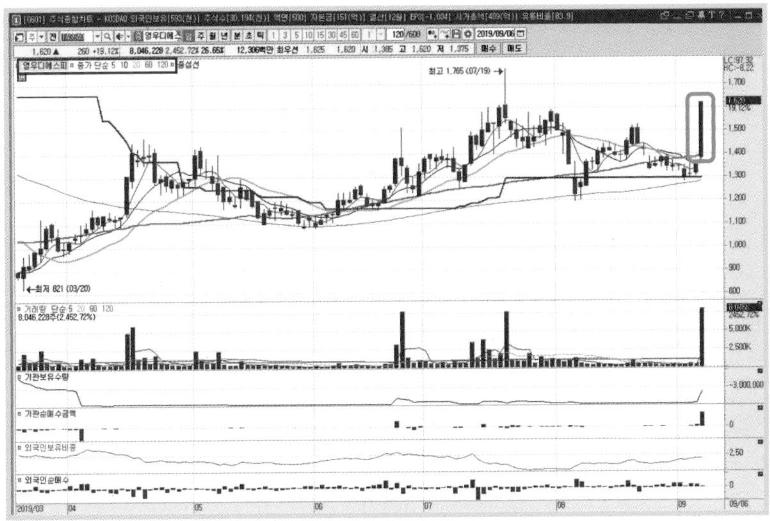

[영우디에스피]의 일봉 차트에서 **노란색선이 20일 이동평균선**인데, 우측 **녹색박스**를 보면 당일 종가상 양봉 캔들이 20일선을 돌파해서 끝났음을 알 수 있다. 이 종목은 **60일선인 녹색선까지 동시에 돌파**한 것을 볼 수 있는데, 20일선과 60일선을 동시에 돌파하는 종목은 좀 더 강한 종목이라고 할 수 있다.

마찬가지로 주가가 60일 이동평균선을 돌파하는 조건식을 작성해서 종목까지 추출해보자.

[주가이동평균돌파] 조건식 입력창에서 방금 전 입력한 **[20이평]**을 **보라색박스**처럼 [60이평]으로 수정하고 [추가] 버튼과 [검색] 버튼을 클릭하면 60일 이동평균선을 돌파하는 종목이 78종목 추출됨을 알 수 있다.

위 자료는 추출된 종목들은 **[거래량]으로 정렬**해서 거래량이 많은 순서로 배열되게 한 것이다. 결과 도출 이후 **[거래량]탭**(빨간색박스)을 클릭하면 거래량 순위로 정렬할 수 있다.

추출된 종목들 중 [데이타솔루션]의 차트를 살펴보자.

[데이타솔루션]의 일봉 차트를 보면, **녹색선인 60일선**을 당일 종가상 캔들 양봉이 **돌파**한 것을 확인할 수 있다(녹색박스). 20일선은 벌써 수일 전에 돌파해서 60일 이동평균선까지 돌파한 상태인데 이렇듯 20일선과 60일선이 역배열된 상황에서도 단기 이동평균선이 **정배열(5일선 〉 10일선 〉 20일선)**된 상태이면 급등하는 모습이 실전에서 자주 나오니 참고하기 바란다.

03

기초검색식 ③ - [캔들 연속 양봉]과 [적5병 캔들]

이번에는 [캔들 연속 양봉]과 [적5병 캔들]을 설정해보자.

캔들이 양봉이란 뜻은 **당일 종가가 시가보다 높게 끝났음**을 나타내는데 보통 세력이 붙은 종목들은 **종가관리**를 하기 때문에 양봉으로 마감했다는 건 일정 부분 세력이 개입했다고 볼 수 있다.

그런데 그런 양봉이 연속해서 나타난다는 건 향후 해당 종목의 주가를 띄우겠다는 세력의 강력한 의도가 내포됐다고 할 수 있다.

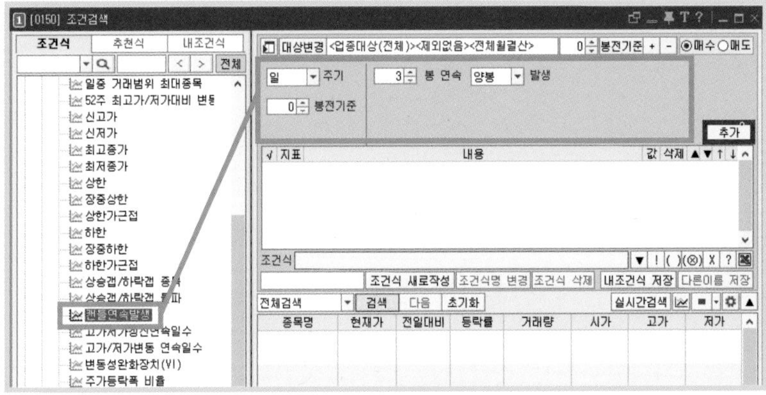

조건검색창에서 [시세분석] - [가격조건] - [캔들연속발생]을 선택하면 오른쪽에 조건식이 나온다. 여기서 [3]봉 연속 [양봉]으로 설정해보자. 3봉 연속 양봉은 적3병이란 뜻으로 **세력이 종가관리를 3일 연속 했다**는 뜻이다.

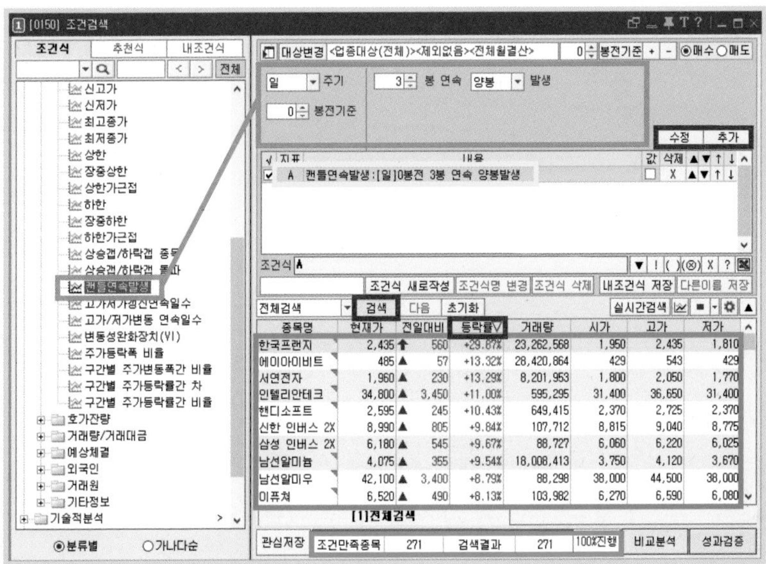

[추가] 버튼과 [검색] 버튼을 차례로 누르면, **[3봉 연속 양봉]**이 발생한 종목들이 271개 종목 추출된 것을 볼 수 있다.

이번에는 **[등락률]**(빨간색박스)을 클릭해 당일 상승률이 높은 종목 순서로 정렬해보고 여기서 가격조건과 거래량조건이 적당한 [서연전자]라는 종목의 차트를 살펴보자.

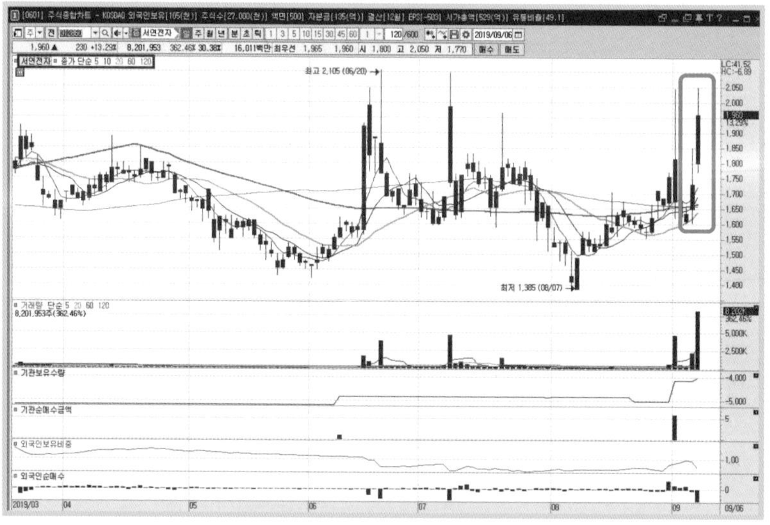

[서연전자] 일봉 차트를 보면, **최근 3일간의 일봉 캔들이 연속해서 양봉**인 것을 확인할 수 있다(녹색박스). 보통 이론에서 적3병은 강한 추가 상승을 예고하나 실전에서는 적3병의 위치가 중요하다. 즉, 파동상 상승3파가 진행된 이후에 고점에서 나오는 적3병은 오히려 반락할 확률이 높기 때문에 주의해야 한다.

그런데 차트에서의 적3병은 밀집된 이동평균선을 돌파하며 나타난 새로운 1파동의 적3병이므로 추가 상승할 확률이 매우 높다. 하지만 주가는 과거의 궤적을 반복하는 경향이 크기 때문에 이전 캔들이 급등하면 대음봉이 자주 출회되므로 전고점인 2,105원을 돌파해 단기간에 10% 이상 시세를 준다면 단기 매도하는 것이 좋다.

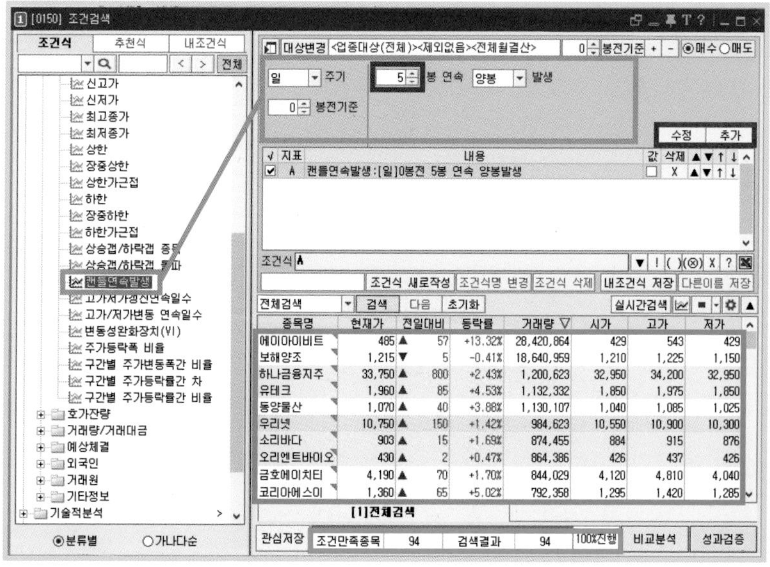

다음으로 [5봉] 연속 양봉 캔들 조건식을 작성해보자. 자료대로 [3]봉을 [5]봉으로 수정한 후에 [추가] 버튼과 [검색] 버튼을 누르면, 해당 조건에 부합하는 종목이 94개 추출된 것을 볼 수 있다.

이번에는 **[거래량]**으로 정렬해 [우리넷]이란 종목의 차트를 살펴보자.

[우리넷]의 일봉 차트에서 녹색박스를 보면 **5개의 캔들이 연속해서 양봉**을 나타내고 있다. 5연속 양봉 중에 4번째 양봉에서 거래량이 폭증한 것을 볼 수 있는데, 이는 10,000원이라는 직전 고점의 저항 라인을 갭 상승으로 강력하게 돌파하기 위해 나온 거래량임을 알 수 있다.

물론 이날 윗꼬리가 길게 형성되어 고점에서 세력이 매도하고 나갔을 수도 있지만, 양봉으로 마감을 했고 다음 날 다시 양봉으로 종가관리를 해서 5연속 양봉을 만들어놓은 상태이기 때문에 추가 상승 가능성이 높다고 할 수 있다.

특히 이 종목은 보라색박스에서 알 수 있듯이 직전에도 5연속 양봉을 만들고 강한 추가 상승을 보인 적이 있어서 이번에도 그럴 가능성이 높다. 주가는 과거의 궤적을 다시 만들려는 속성이 강하기 때문이다. 직전 3개월 내에 상한가를 여러 번 보인 종목들은 다시 또 상한가를 보이는 경향이 많은 것도 이 때문이다.

04
기초검색식 ④ - [주가등락률]과 [거래량]

이번에는 검색식 작성에서 가장 중요하다고 볼 수 있는 [주가등락률]과 [거래량]에 대한 검색식 작성을 연습해본다.

[주가등락률]을 먼저 살펴보면, 주가라는 것은 한 번 움직이기 시작하면 움직인 방향으로 계속해서 가려고 하는 관성의 법칙이 작용한다. 즉 해당 종목에 큰 호재가 나왔거나, 실적이 좋아지면 거래량이 증가하면서 주가는 계속해서 상승하려고 하는데, 실전에서는 특별한 이슈가 없어도 수급(거래량)이 증가하면서 연속해서 상승하는 경우도 많이 발생한다.

보통 상승하는 종목들을 자세히 관찰해보면, 당일 기준으로 4~5% 상승한 종목들은 +7~8%까지 상승하고, +7% 상승에 안착한 종목들은 +11%까지 상승하는 경향이 많다. 또한 +11% 상승에 안착한 종목들은 +17%까지 상승하려고 하며, +17% 상승에 안착한 종목들은 +22% 이상까지 상승하는 경우가 많다. 그래서 당일 상승 종목들을 분석해보면 당일 고점이 +5%, +7%, +11%, +17%, +22%인 종목들이 많다.

이것은 이 상승률이 당일 상승에 대한 "상승률 마디가"이기 때문이다. 물론 목표 청산 매도가격을 설정할 때는 직전의 중요한 캔들 몸통의 절반가격이나 꼬리의 절반가격 등 주요 저항권 등도 참고해야 하지만 **"상승률 마디가"**를 알고 있으면 도움이 많이 된다.

따라서 **[주가등락률] 설정은** 당일 상승이 +4% 이상인 종목을 우선 찾는 것이 좋다. 왜냐하면 당일 +4%도 상승 못하는 종목들을 매매해봐야 당일에 한해서는 실익이 없는 경우가 많기 때문이다.

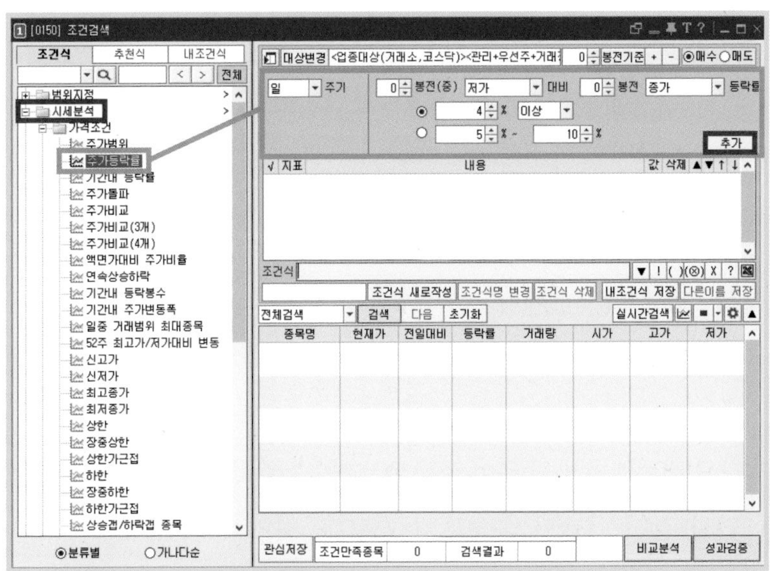

[시세분석] - [가격조건] - [주가등락률]을 클릭하면, 오른쪽에 **[주가등락률]**에 대한 검색식 설정창이 나온다. 여기에서 ([일] 주기, [0]봉전 [저가] 대비 [0]봉전 [종가] 등락률)이 [4]% [이상]으로 설정한다.

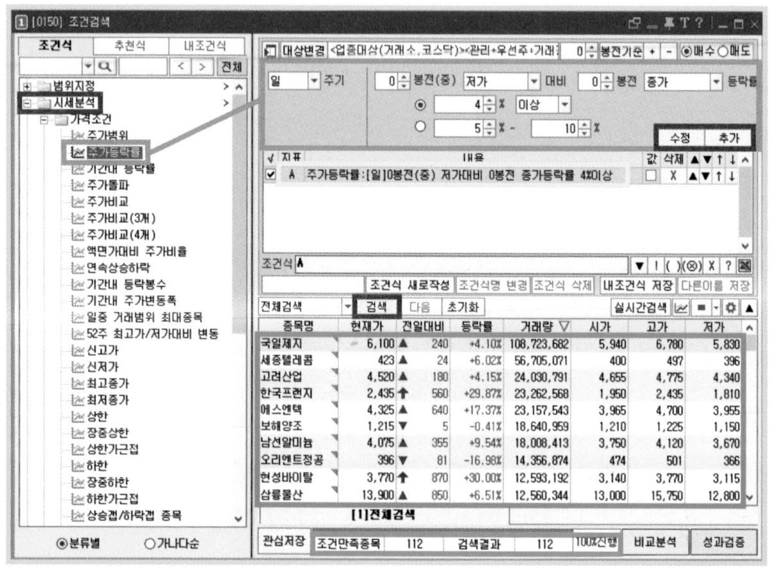

설정이 완료됐으면, [추가] 버튼을 누르고 지표 내용에 **[주가등락률] 검색식**이 추가됐음(노란색박스)을 확인한 후에 [검색] 버튼을 클릭한다.

검색 결과 112개 종목이 추출됐으며, [거래량] **탭**으로 정렬하면 화면과 같이 거래량 순서로 정렬된다. 여기서 상한가에 안착한

[한국프랜지]와 [국일제지]의 차트를 살펴보자.

우선 [한국프랜지]의 일봉 차트의 녹색박스를 보면 이날 **시가가 +4% 지점인 1,950원**에서 시작해 급등한 것을 볼 수 있다.

여기서 빨간색 수평선인 1,935원 선은 2달 전 대음봉의 절반자리 가격임을 알 수 있다. 즉 의미 있는 캔들의 몸통이나 꼬리의 절반가격이 저항의 역할을 한다고 했는데, 정확히 이 대음봉 절반의 가격이 1,935원으로 이 종목은 시가부터 이 저항가격을 돌파해서 시작했다.

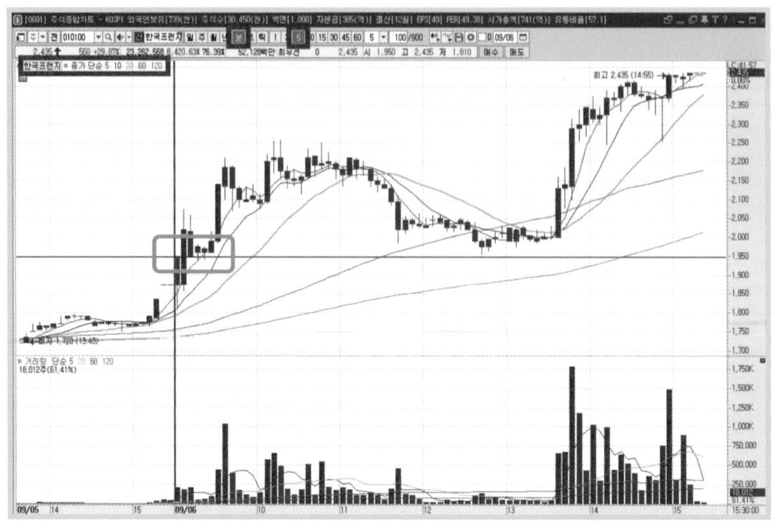

[한국프랜지]의 5분봉 차트를 살펴보면, **+4% 지점인 1,950원**에 시가를 형성한 이 후 시가를 돌파해 1,950원에서 지지되고 있음을 알 수 있다. 이후 주가는 +11% 라인까지 돌파해 +11% 지점에서 지지(2,085원선)한 후 +17% 지점에서 일단 저항을 받은 것을 확인할 수 있다. 이렇게 당일 "상승률 마디가"를 알고 있으면 진입 이후 분할 매도할 때 유용하게 활용할 수 있다.

다음으로 [국일제지]의 일봉 차트를 보면, 과거 파란색박스 지점에서 6,000원이 저항역할을 하고 있음을 알 수 있다. 즉, 6,000원 선은 7월 23일과 24일의 갭의 절반 자리이며 이후 음봉 윗꼬리의 절반, 음봉 윗꼬리 고점 등 계속해서 저항역할을 하고 있고 전날에도 양봉 윗꼬리의 절반 가격이 6,000원임을 확인할 수 있다.

이런 상황에서 당일 캔들이 이 6,000원 선 밑에서 시작해서 이를 돌파해 전일 고점을 뛰어넘었던 것을 볼 수 있다.

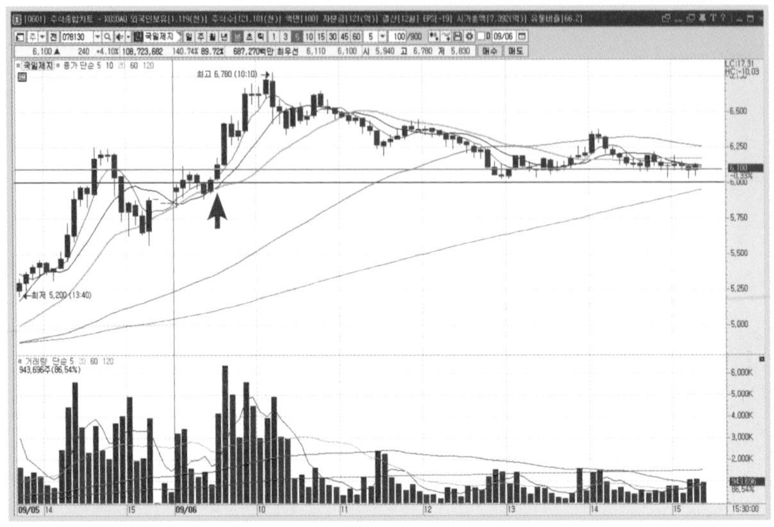

[국일제지]의 5분봉 차트를 보면, **6,000원 선(빨간색선)**이 일봉상에서 저항라인으로 이를 돌파했음을 알 수 있다. 또한 +4% 지점인 6,095원 선(녹색선)에서 한 번 저항을 받은 후 이를 돌파해 +11% 지점인 6,450원까지 상승했고 이 지점에서 저항을 받은 후 +15.7%의 고점을 형성했다. 이 종목에서도 "상승률 마디가"가 적용되고 있음을 알 수 있다.

다음으로 [거래량] 설정을 연습해보자.

[거래량]은 1장에서도 설명했듯이 보조지표 중 유일하게 선행성을 내포하고 있는 중요한 지표다. 즉, 아무런 호재나 이슈가 없어도 갑자기 거래량이 증가하며 저항을 돌파하는 종목은 유심히

관찰해야 한다. 실전에서는 누구나 알 수 있는 호재나 이슈를 띄우지 않고도 시세를 내는 종목들이 많기 때문이다.

물론 일봉상 거래량이 그다지 많지 않은 20~30만 주 정도로 주가가 급등하는 종목들도 있지만 수익 확률을 높이기 위해서는 **상대거래량(전일동시간대비 거래량)** 못지않게 절대거래량도 중요하다. 여기서는 다른 조건이 결합된 조합검색식이 아닌 [거래량] 단일 검색식을 연습하는 것이므로 일단 일봉상 100만 주 이상의 종목을 추출해보자.

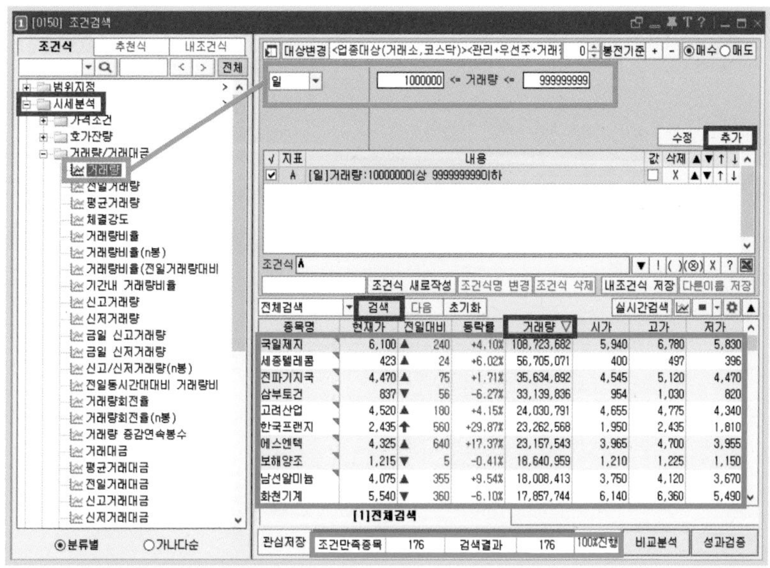

[시세분석] - [거래량/거래대금] - [거래량]을 선택하면 오

른쪽에 거래량 검색식 설정창이 나온다. 여기서 [일]기준 100만 주 이상으로 설정한 후 [추가] 버튼을 누른다. 거래량의 **최대값을** [99999999]라고 쓴 것은 임의의 최대값을 쓴 것으로 100만 주 이상 되는 종목을 모두 추출하라는 뜻이니 큰 의미를 두지 않아도 된다.

지표 내용(노란색박스)에 입력한 [거래량] 조건식이 나타나면 [검색] 버튼을 눌러 해당 종목을 추출한다. 176개 종목이 조건 만족됨을 알 수 있고 이 중에서 [전파기지국]이란 종목의 차트를 살펴보자.

[전파기지국]의 일봉 차트를 보면, 당일 거래량이 35,634K라고 되어 있는 것이 보인다. 여기서 **K는 1,000을 뜻하는 문자**로 정확

히 당일 거래량은 354,634,892주다(왼쪽 상단 녹색박스).

거래량이 너무 많은 종목들은 차트 표시를 단순화하기 위해서 사용하는 문자이니 큰 의미를 둘 필요는 없다.

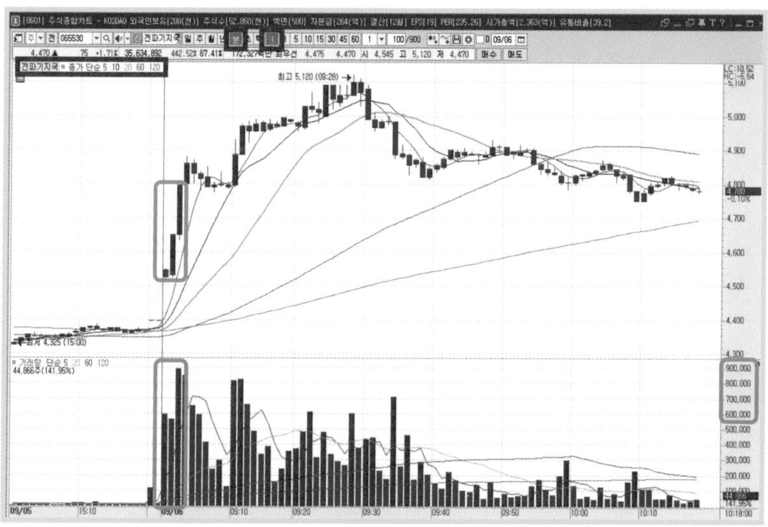

[전파기지국]의 1분봉 차트를 보면, 장 시작 2분 만에 100만 주를 뛰어 넘고 9시 3분에서는 봉 하나에서만 추가로 90만 주가 거래된 것을 볼 수 있다. 또한 거래량이 급증함과 동시에 장대양봉이 출현하고 있는 것도 확인할 수 있다. 즉, 시가부터 거래량이 폭증하면서 장대양봉으로 급등하는 종목들은 강한 힘 때문에 이후 장대양봉의 종가부근이 지지됨을 확인한 후 진입해도 추가 상승으로 수익을 거둘 수 있다.

05

기초검색식 ⑤ - [신고가]와 [상승갭]

"외국인은 2년 내 최고가 종목을 주로 매수한다."

내가 주식을 처음 시작할 때인 1997년 말에 증권사 객장에서 영업직원이 한 말이다. 그 당시는 아무래도 IMF구제금융 시절이기 때문에 대부분의 종목들이 신저가를 기록하고 있어서 지금과는 상황이 다르지만, 신고가 종목들이 그만큼 중요한 것은 명확하다.

즉, 신고가 종목은 앞에 이른바 말하는 매물대가 전혀 없기 때문에 어디까지 추가로 올라갈지 가늠하기가 어렵다. 물론 "산이 높으면 골이 깊고 골이 깊으면 산이 높다"라는 주식 격언상 많이 상승한 종목은 하락으로 전환할 확률이 높긴 하지만 이제 갓 신고가를 갱신한 종목들은 중요도가 매우 높다고 할 수 있다.

미중 무역분쟁이 1년 넘게 지속되고 있는 지금 주식 시장 상황에서는 **종가상 1년 내 최고가를 경신한 종목**들을 찾아보는 것이 의미가 있기에 이를 검색식으로 찾아보도록 하자.

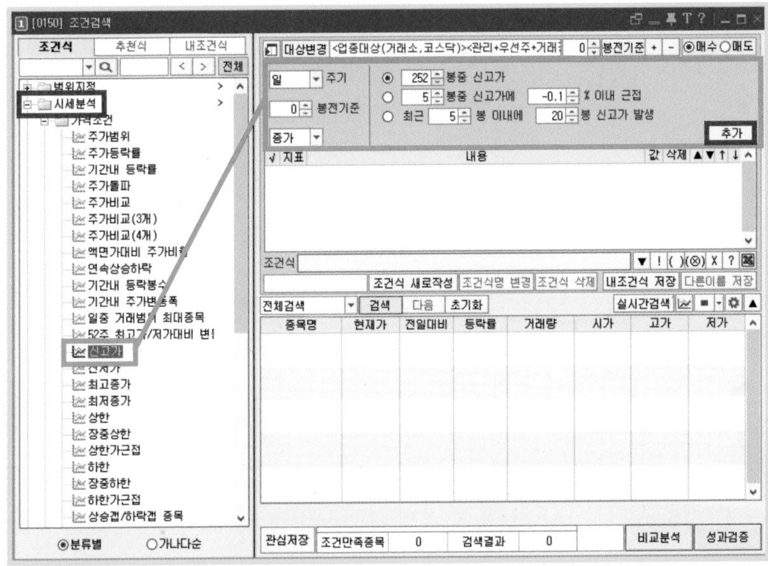

조건검색창에서 [시세분석] - [가격조건] - [신고가]를 선택하면 오른쪽 상단에 [신고가] **설정창(주황색박스)**이 나온다. 여기에서 [일]주기, [종가]기준, 첫 번째 탭 선택 후 [252]봉 중 신고가로 설정한다. 252란 숫자는 매년 약간씩 다르지만 보통 1년 동안 휴일을 제외한 총 영업일 수를 나타낸다.

입력이 끝나고 나면 [추가] 버튼을 클릭한다.

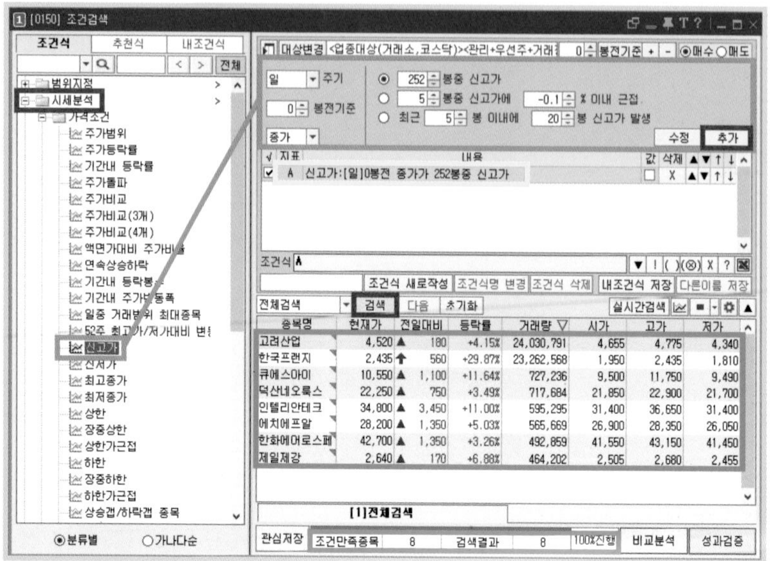

종목명	현재가	전일대비		등락률	거래량	시가	고가	저가
고려산업	4,520	▲	180	+4.15%	24,030,791	4,655	4,775	4,340
한국프랜지	2,435	↑	560	+29.87%	23,262,568	1,950	2,435	1,810
큐에스아이	10,550	▲	1,100	+11.64%	727,236	9,500	11,750	9,490
덕산네오룩스	22,250	▲	750	+3.49%	717,684	21,850	22,900	21,700
인텔리안테크	34,800	▲	3,450	+11.00%	595,295	31,400	36,650	31,400
에치에프알	28,200	▲	1,350	+5.03%	565,669	26,900	28,350	26,050
한화에어로스페	42,700	▲	1,350	+3.26%	492,859	41,550	43,150	41,450
제일제강	2,640	▲	170	+6.88%	464,202	2,505	2,680	2,455

[추가] 버튼을 클릭하면, 지표 내용에 설정한 [신고가] 검색식(노란색박스)이 나타나고 [검색]을 누르면 조건에 부합하는 종목들이 추출된다. 자료를 보면 조건에 부합하는 종목이 8개 추출된 것을 볼 수 있다.

8개 추출 종목들 중 [에치에프알]이란 종목의 차트를 살펴보자.

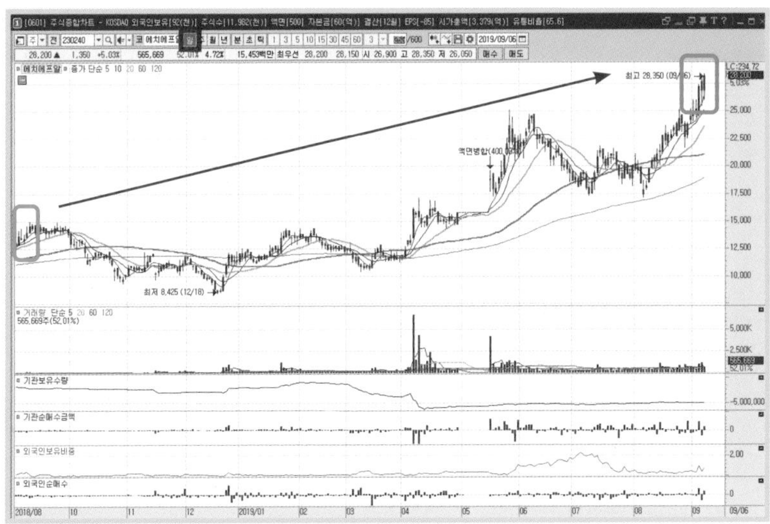

[에치에프알]의 일봉 차트를 보면, **1년 전 시점인 왼쪽 파란색 박스 대비 현재인 녹색박스의 위치가 1년 사이 최고가를 경신**하고 있음을 알 수 있다. 이 종목의 흐름을 보면 15,000원 부근(2019년 4월)에서 1년 전 파란색박스의 고점저항을 돌파한 이후 횡보('고가놀이') 하다가 다시 새로운 상승1파를 만들면서 본격적인 우상향을 보여주고 있다.

그런데 일봉상 52주(1년) 신고가 종목을 살펴볼 때는 **주봉**과 **월봉**도 함께 보는 것이 좋다.

주봉 차트를 보면, 주봉상 이동평균선들이 **완전정배열**되어 있는 것을 알 수 있다. 물론 이동평균선들의 이격도가 많이 벌어져 있기 때문에 이격조정이 있을 수 있지만 전체적인 추세는 매우 강한 상승세임을 알 수 있다.

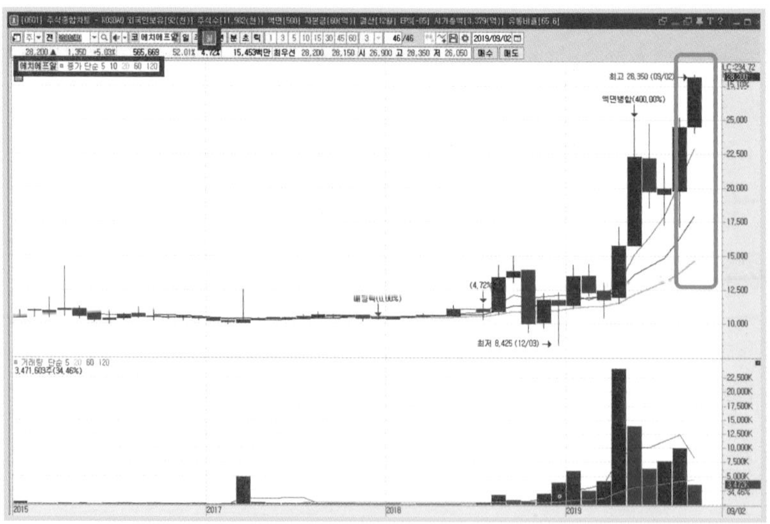

월봉 차트도 보면, 일봉, 주봉 차트와 마찬가지로 이동평균선이 **완전정배열** 상태임을 알 수 있다.

그렇다면 이렇게 일, 주, 월봉 차트가 완전정배열인 종목에 대체 무슨 일이 있기에 이렇게 강한 상승 추세를 계속 보이는지 알아보자.

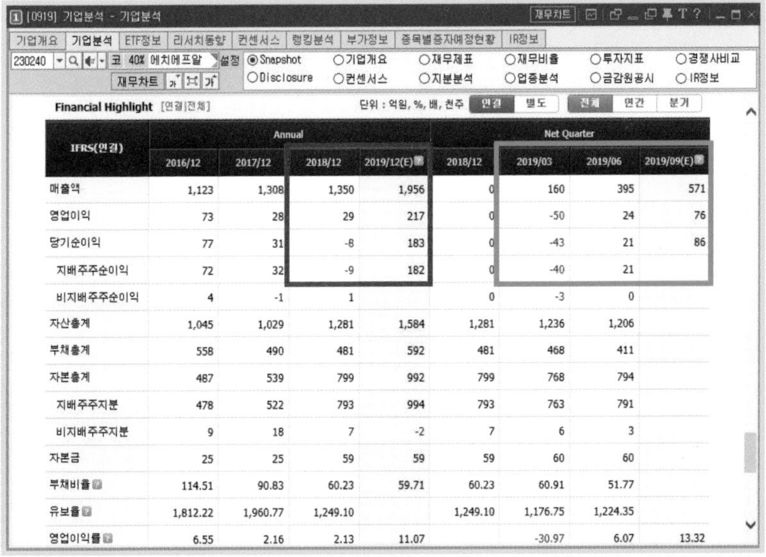

IFRS(연결)	Annual				Net Quarter			
	2016/12	2017/12	2018/12	2019/12(E)	2018/12	2019/03	2019/06	2019/09(E)
매출액	1,123	1,308	1,350	1,956	0	160	395	571
영업이익	73	28	29	217	0	-50	24	76
당기순이익	77	31	-8	183	0	-43	21	86
지배주주순이익	72	32	-9	182	0	-40	21	
비지배주주순이익	4	-1	1		0	-3	0	
자산총계	1,045	1,029	1,281	1,584	1,281	1,236	1,206	
부채총계	558	490	481	592	481	468	411	
자본총계	487	539	799	992	799	768	794	
지배주주지분	478	522	793	994	793	763	791	
비지배주주지분	9	18	7	-2	7	6	3	
자본금	25	25	59	59	59	60	60	
부채비율	114.51	90.83	60.23	59.71	60.23	60.91	51.77	
유보율	1,812.22	1,960.77	1,249.10		1,249.10	1,176.75	1,224.35	
영업이익률	6.55	2.16	2.13	11.07		-30.97	6.07	13.32

[에치에프알]의 [기업분석]을 보면, **빨간색박스에 전년도 대비 2019년 올해 매출액, 영업이익, 당기순이익이 모두 급증**하는 것을 볼 수 있다. 특히 올해 예상영업이익이 작년 대비 7배 이상 폭증하며, 당기순이익은 작년 대비 흑자전환과 동시에 순이익이 폭발적으로 증가할 것으로 예상된다는 것을 나타내고 있다. 보통 실적이 적자였다가 흑자만 되어도 턴어라운드라고 해서 주가가 급

등하는데 이 종목은 턴어라운드와 함께 순이익이 급증하는 것을 볼 수 있다.

오른쪽 **녹색박스에는 올해 실적이 급증하는 것을 분기별**로 나타내 주고 있다. 즉 1분기까지 적자였는데 2분기부터 흑자 전환되더니(이때 매출액이 전분기 대비 2배 이상 증가), 3분기에는 매출액, 영업이익, 순이익이 동시에 급증이 예상되고 있는 상황이다.

이렇게 실적이 폭발적으로 증가하는 종목이 52주 신고가를 경신하고 있을 때는 지속적인 관심이 필요하다.

다음으로 [상승갭]에 대한 검색식을 알아보자.

[상승갭]이란 **일봉상 전일 종가 대비 당일 시가가 일정비율 상승해서 시작**하는 것을 뜻한다. 상승갭이 발생하는 이유는 해당 종목에 호재나 긍정적인 이슈가 생겨 투자자들이 시초가부터 시장가로 매수해 매도세력을 압도하기 때문에 발생한다.

이때 전일 종가대비 시가의 상승률이 클수록 즉, 갭이 클수록 더욱 강한 종목이라고 할 수 있다. 물론 10% 넘는 과도한 상승갭이 발생했을 때는 추가적인 매수세보다는 매도세가 강해 주가가 시가 고가를 찍고 하루 종일 내리는 경우가 많으니 주의해야 한다.

실전에서 [상승갭]은 보통 **전일종가대비 시가 상승률이 +4% ~ +7% 발생한 종목**을 노리는 것이 좋다. 너무 작은 상승갭은 주가의 힘이 약할 수 있고 또, 너무 많은 종목이 검색되기 때문에 종목의 수를 압축하는 차원에서도 이 정도의 상승갭이 좋다. 또한 +4%는 '1차 상승률 마디가'이기도 하다

상승갭이 발생한 후에는 1분봉에서 첫 봉이 양봉인지 여부가 중요하며 음봉일 경우에는 관망하다가 주가가 하락 이후 상승으로 방향을 전환해서 시가를 돌파할 때 매수로 따라붙는 전략이 안전하다.

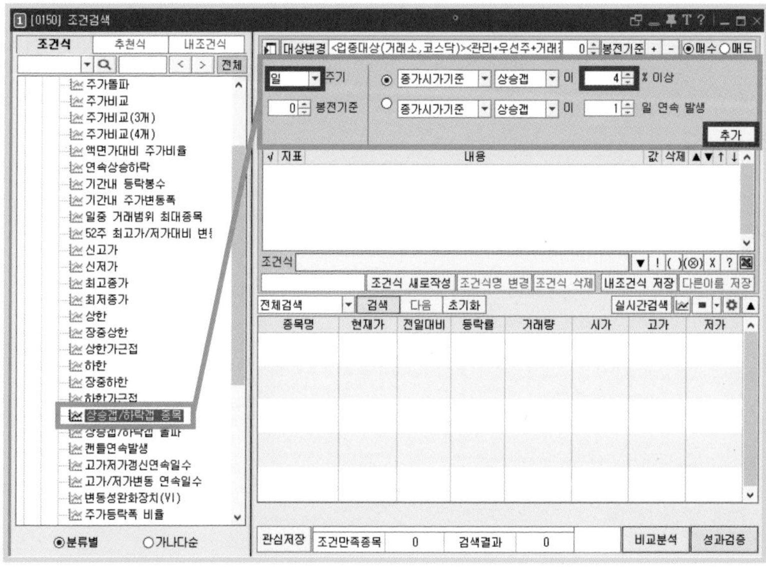

조건검색창에서 [시세분석] - [가격조건] - [상승갭/하락갭 종목]을 선택하면 오른쪽 상단에 **[상승갭]에 대한 조건을 설정하는 창**이 나온다. 여기서 [일]기준, [종가시가기준 상승갭이 +4% 이상]으로 값을 설정한 후 [추가] 버튼을 누른다.

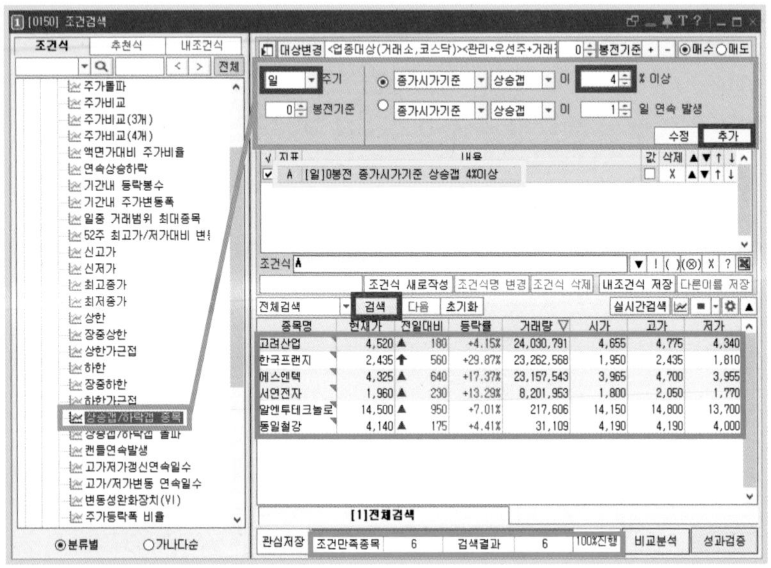

[추가] 버튼을 누르고 지표 내용에 [상승갭] 조건식(노란색박스)이 나타나면 [검색] 버튼을 클릭해 해당 조건에 부합하는 종목들이 추출되는 것을 확인한다. 총 6종목이 검색되는 것을 확인할 수 있다.

추출된 종목 중에서 [에스엔텍]과 [서연전자]를 살펴보자.

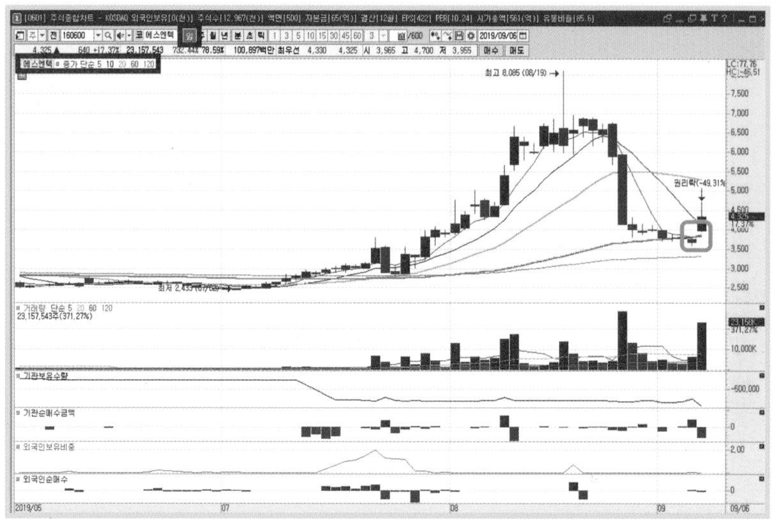

[에스엔텍]의 일봉 차트에서 오른쪽 **녹색박스**를 보면, 전일 종가(3,685원) 대비 시가(3,965원)가 +7.6%(+4% 이상) 상승한 것을 알 수 있다.

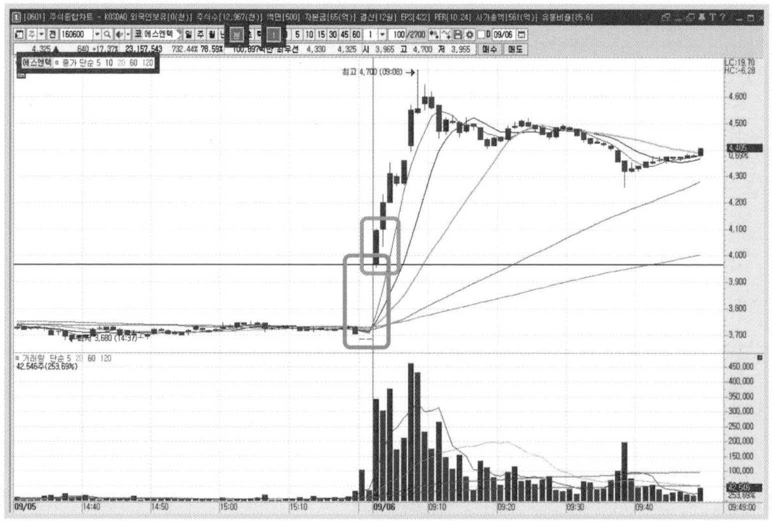

[에스엔텍]의 1분봉 차트에서 **녹색박스**를 보면 일봉과 마찬가지로 +7.6%의 갭상승으로 시작하는 것을 알 수 있다. 이때 매수는 1분봉상 첫 봉이 양봉임을 확인하고 다음 캔들이 9시 1분 캔들 종가를 상향 돌파할 때 따라붙는 것이 안전하다. 첫 봉이 완성되고 나서 진입해야, 자칫 1분 내에 양봉 이후 주가가 밀려 윗꼬리를 달거나 음봉으로 전환되는 상황을 피할 수 있다.

[서연전자]의 경우는 9시 1분 캔들이 음봉인 경우다.

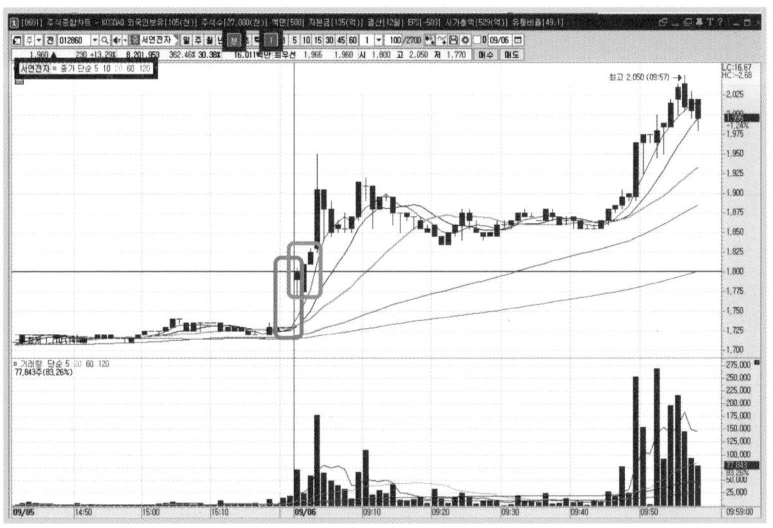

[서연전자]의 1분봉 차트의 **녹색박스**를 보면, 전일 종가(1,730원) 대비 시가가 +4.05% 상승한 1,800원임을 알 수 있다.

이때 9시 1분 캔들이 아랫꼬리 단 음봉이고 다음 캔들이 시가를 돌파하는 양봉 캔들임을 확인할 수 있다. 이때 매수진입은 9시 3분까지 연속양봉을 확인하고 진입하는 것이 좋다. 즉, 첫 봉이 음봉일 때는 시가를 돌파했다고 바로 진입하는 것이 아니라 연속 양봉이 출현되는 것을 확인하고 진입하는 것이 조금 더 안전하다. **[캔들 연속양봉]**에서 언급했다시피 연속되는 양봉은 그만큼 세력들이 추가 상승을 시키겠다는 의지의 표현으로 볼 수 있기 때문이다.

06

기초검색식 ⑥ - [주가비교]

[주가비교]는 보통 **2~4개의 일봉 캔들을 비교**할 때 자주 사용된다. 예를 들어 1장에서 언급했다시피 같은 적3병 종목을 추출할 때에도 좀 더 구체적으로 시가와 고가가 계속 올라가는 적3병을 검색할 수 있고, 양봉 이후에 이식매물에 의한 음봉이 나오고 다시 이 매물을 걷어가는 양봉 캔들 즉, 양음양 캔들조합을 구사할 때에도 사용된다.

여기서는 실전에서 자주 출현하고 출현한 이후 급등이 많이 나오는 [양음양 캔들조합 검색식]을 구현해보자.

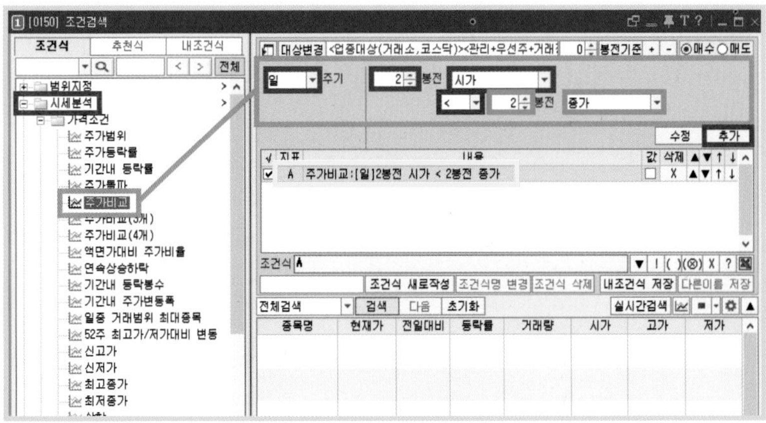

[시세분석] - [가격조건] - [주가비교]를 선택하면 오른쪽에 **[주가비교]에 대한 검색식 입력창**이 나온다. 여기에 [일]주기, ([2]봉전(2일 전) [시가] 〈 [2]봉전 [종가])를 입력하고 [추가] 버튼을 클릭한다. **〈지표 내용〉**에 (2봉전 시가 〈 2봉전 종가)가 나타나는지 확인한다. 이 식은 2일 전 **캔들이 양봉인 종목을 추출**하라는 뜻이다.

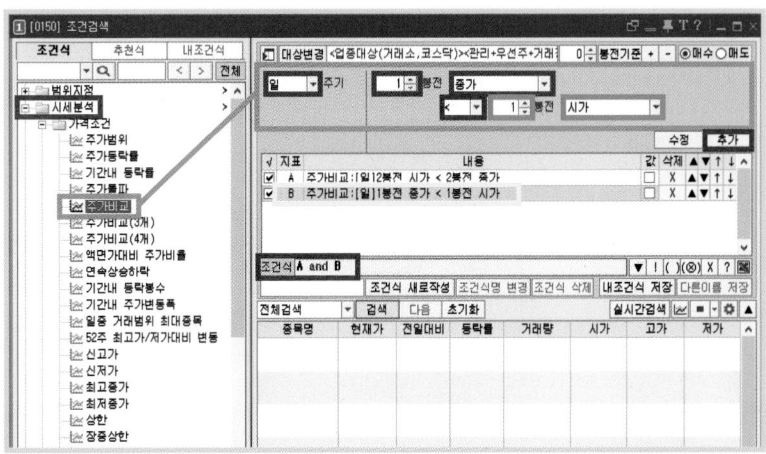

두 번째로 다시 오른쪽 **조건식 입력창**(주황색박스)에 [일]주기, ([1]봉전(1일 전) [종가] < [1]봉전 [시가])를 입력한 후 [추가] 버튼을 누른다. 이것은 양봉 이후 **두 번째 캔들은 음봉인 종목을 추출**하라는 뜻이다.

중간의 **조건식**(빨간색박스)이란 부분에 [A and B]라고 A와 B 조건이 **[and] 조건**으로 묶여 있는지 확인한다. 이는 A와 B 조건을 동시에 만족하는 종목을 검색하라는 뜻이다.

조건식이 추가될 때는 기본적으로 [and] 조건으로 묶이기 때문에 따로 해야 할 것은 없다. 다만 조건식들을 **[or] 조건**으로 변경하고 싶을 때는 붉은색으로 되어 있는 **[and]를 더블클릭하면 [or] 조건으로 변경**된다.

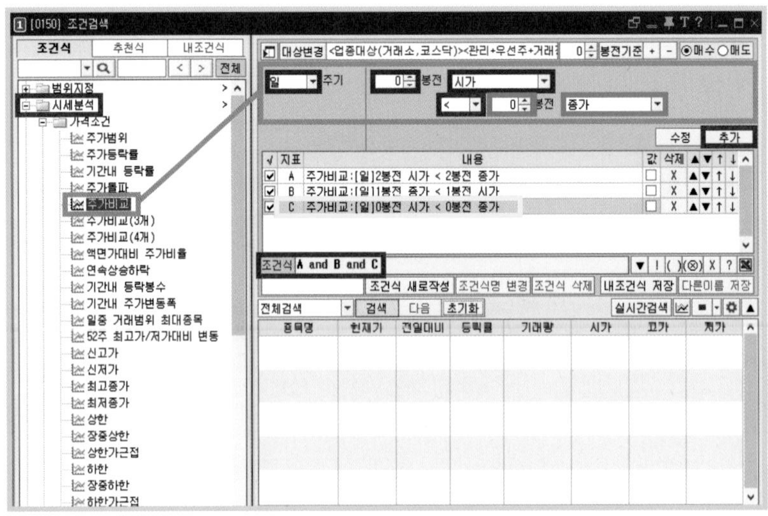

입력값은 **양음양 캔들 조합 중 3번째 캔들이 양봉**임을 나타낸다. 즉, [일]주기, ([0]봉전(**당일**) [시가] < [0]봉전 [종가])를 입력한 후 [추가] 버튼을 누르면 지표 내용에 세 번째 캔들 조건식이 추가되며(**노란색박스**), 앞의 조건검색창 중간에 **조건식**(**빨간색박스**)에도 [A and B and C]로 표현되어 있음을 확인할 수 있다.

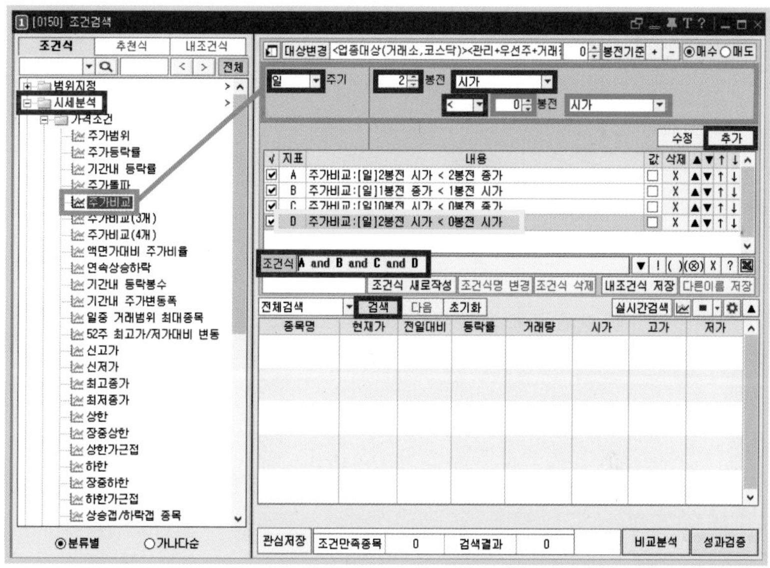

마지막으로 양음양 캔들 조합 중 중요한 조건을 설정하는 단계다. 검색식 입력창을 보면 2일 전 시가보다 당일 시가가 높아야 하는 조건을 추가했는데 이는 같은 양음양 캔들 조합이라도 우상향의 흐름을 유지해야하기 때문에 **최초의 양봉 캔들의 시가보다는 마지막(당일) 양봉의 시가가 높은 것**이 좋다.

모든 입력이 끝나고 조건식에 4가지 조건이 모두 [and] 조건으로 묶인 것을 확인했으면 [검색] 버튼을 클릭한다.

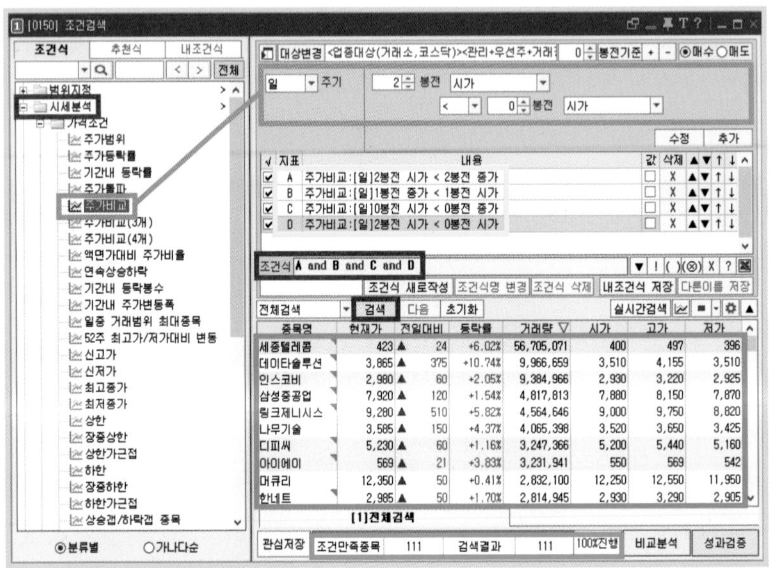

[검색] 버튼을 클릭하면 해당 조건식들에 부합하는 종목들이 111개 추출된 것을 확인할 수 있다(**파란색박스**).

이렇게 추출된 종목들이 양음양 캔들 조합을 보이는 종목들이다.

추출된 종목들 중 [데이타솔루션]과 [링크제니시스]를 살펴보자.

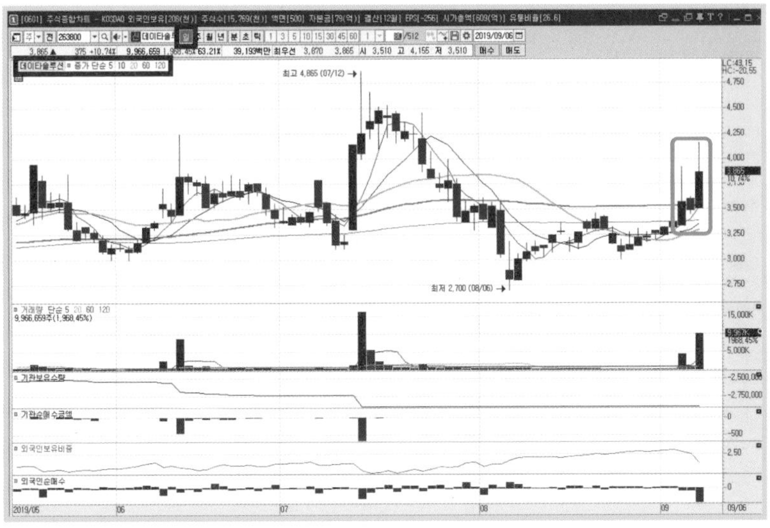

[데이타솔루션]의 일봉 차트를 보면, 오른쪽 녹색박스에 최근 3일의 캔들이 양음양 캔들 조합임을 알 수 있다.

실전에서 양음양 캔들 조합이 위력을 발휘하기 위해서는 양음양 캔들 중 첫 번째 캔들이 주요 저항라인을 돌파하는 것이 좋다. 즉, 주가의 흐름상 저항을 많이 받았던 매물대나 60일 이동평균선 혹은 120일 이동평균선을 상향 돌파한 이후에 양음양 캔들 조합을 완성할 때 추가 상승을 보일 확률이 매우 높다.

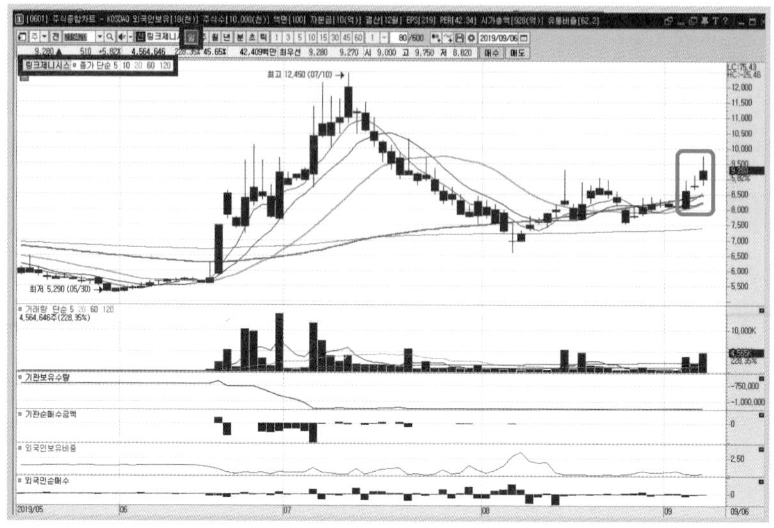

[링크제니시스]의 일봉 차트에서도 최근 3일간의 캔들이 양음양 캔들 조합임을 확인할 수 있다(녹색박스).

이 종목 역시 양음양 캔들 조합 중 첫 양봉이 60일 이동평균선을 상향 돌파한 이후 양음양 캔들 조합을 완성한 것을 볼 수 있다. 더욱이 첫 양봉이 60일 이동평균선뿐만 아니라 밀집된 나머지 단기 이동평균선들을 동시에 모두 돌파한 것은 강한 추가 상승을 암시한다고 할 수 있다.

07

기초검색식 ⑦ - [보조지표] 볼린저밴드, RSI, Envelope, Demark

실전에서 보조지표는 어디까지나 참고로만 해야 함을 1장에서 언급했다. 가장 중요한 것은 **가격 그리고 가격의 덩어리인 캔들**이다. 보조지표 중 **거래량**만이 유일하게 선행성을 내포하고 있으나 이것도 캔들의 조합, 위치, 모양과 패턴 이후에 고려해야 할 사항이다.

그러나 다른 조건들과 더불어 부가적으로 보조지표를 사용한다면 실전매매에 도움을 얻을 수도 있기 때문에 여기서는 조건검색식에 그나마 자주 등장하는 보조지표를 중심으로 설명한다.

우선 보조지표 중 [볼린저밴드]를 알아보자.

[볼린저밴드(Bollinger Bands)]는 **기준선과 상하에 두 개선 총 3개선으로 구성되어 있고 상, 하한선은 표준 편차에 의해 산출된 이동평균값**이다. 주가나 지수의 움직임이 큰 시기에는 Bands의 폭이 넓어지고 움직임이 작은 시기에는 Bands의 폭이 좁아지는 특성이 있다.

강한 추세가 나타나기 전에는 상단밴드는 보통 저항으로, 하단밴드는 지지로 작용한다. 위아래로 일단 강한 방향성이 나타난 후에는 상단 또는 하단 밴드를 주가가 뚫고, 밴드의 폭이 넓어지게 되며 주가는 밴드 상단 혹은 하단을 뚫은 방향으로 진행될 가능성이 높다.

[볼린저밴드]는 조건검색창에서 찾기가 쉽지 않기 때문에 앞의 그림처럼 왼쪽 상단 검색창에 [bol]이라고 입력하고 엔터키를 누르면 그 아래 [Bollinger Band]가 나온다. 이것을 클릭하면 풀다운 메뉴에 [Bollinger Band]가 나오고 여기서 [가격 기준선 돌파]를 선택하면 오른쪽 주황색박스에 조건입력창이 나온다.

여기서 [일]주기, [0]봉전(당일)기준, 기간[20], 승수[2], [종가]가 Bollinger Band[상한선]을 [상향] 돌파하게 값을 입력하고 [추가] 버튼을 누른다.

지표 내용에 [Bollingr Band(20,2) 종가가 상한선 상향 돌파] 검색식이 추가된 것을 확인한 후에 [검색] 버튼을 누르면, 해당 조

건을 만족하는 종목이 122개 검색된 것을 확인할 수 있다.

이를 **[거래량]**으로 **정렬**한 후에 [디지틀조선]이라는 종목을 살펴보자.

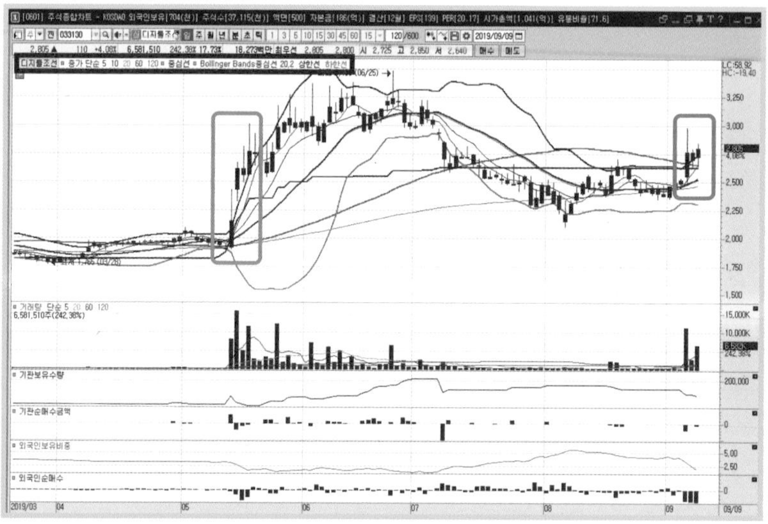

[디지틀조선]의 일봉 차트를 보면, 검색 당일 볼린저밴드 상한선을 종가상 돌파한 것이 확인된다(**녹색박스**).

이 종목은 과거에도(**주황색박스**) 볼린저밴드 상한선을 돌파한 이후 추가 급등을 보여줬던 종목으로 이번에도 추가 상승을 보일 가능성이 높다. 주가는 과거의 궤적을 반복하려는 속성이 있기 때문이다.

이 두 구간을 제외하고 웬만해서는 볼린저밴드 상하단이 저항과 지지 역할을 하고 있음을 알 수 있다. 즉, 확률상 중심선의 표준편차인 상하단 선들은 보통 쉽게 돌파되지 않기 때문이다.

실전에 적용할 때에는 상한선이 장대양봉으로 확실히 돌파됐을 때 매수 진입하는 것이 좋다. 상한선을 짧은 단봉으로 살짝 돌파했을 때는 속임수일 확률이 높기 때문이다.

다음 보조지표로 [RSI(상대강도지표)]를 알아보자.

[RSI]는 **현재 추세의 강도를 백분율로 나타내어 주가 추세가 전환될 것인가를 예측하는 데 참고하는 지표**다.

[RSI]의 값이 70 이상이면 과매수 상태로 판단해 매도 시점으로 볼 수 있고, 30 이하이면 과매도 상태로 판단해 매수 시점으로 볼 수 있다. 여기서 RSI의 값이 30 이하이거나 70 이상일 때 주가 추세와 Divergence가 나타나면 추세 반전 신호로 판단할 수 있다.

Divergence란 주가가 상승 파동에서 직전 최고점을 넘고 있는데 RSI의 값이 직전 최고 수준을 돌파하지 못할 때를 뜻하는 것으로, RSI가 하락 직전 저점을 하향 돌파하는 순간이 매도 시점이 된다. 반대로 주가가 하락 파동에서 직전 최저점을 하향 이탈하고 있을 때 RSI의 값이 직전 최저 수준을 이탈하지 못하고 상승하다가 직전 고점을 상향 돌파하는 순간이 매수 시점이 된다.

조건검색창에서 마찬가지로 [Rsi]를 입력하고 엔터를 누르면 아래에 [RSI]가 나오고 이를 클릭하면 풀다운 메뉴에 [RSI] - [기준선 돌파]를 선택한다. 오른쪽 입력창에 기간[14], 시그널[9], [상향] 돌파로 입력한 후 [추가] 버튼을 누른다.

여기서 시그널 9라는 값은 **RSI의 9일 이동평균선**을 뜻하며 조건식은 RSI 시그널선을 상향 돌파하는 종목들은 추출하라는 검색식이다.

지표 내용에 입력한 RSI 조건식이 나오면 [검색] 버튼을 클릭해 해당 조건에 만족하는 종목들(110개) 중 [삼성제약]을 살펴보자.

[삼성제약]의 일봉 차트에서 **녹색박스**를 자세히 보면, 주가는 전저점을 이탈해 추가 하락하고 있는데 아래에 RSI 선은 저점이 높아지는 쌍바닥 흐름을 보여주고 있다. 이것을 Divergence라고 하며 이때 RSI가 30선을 돌파하는 지점이 매수진입 시점이 된다.

매수 타점은 이렇게 Divergence와 과매도권인 RSI 30선 상향 돌파일 때 잡을 수도 있지만, 과열권인 70선 아래에서 RSI 시그널선을 상향 돌파할 때도 잡을 수 있다.

이는 상승흐름이 강할 때 매수 진입하는 방법으로 **[스토캐스틱]** 이란 보조지표에서도 이렇게 과열 직전에 진입해 추가적으로 상승하는 구간을 노려볼 수 있다.

다음으로 [Envelope] 보조지표를 알아보자.

[Envelope] 지표는 **주가의 이동평균선과 이동평균선의 일정폭인 ±m% 선**을 함께 그린 선을 뜻한다. 여기서 +m% 선은 저항선으로 -m% 선은 지지선으로 인식된다. 즉, 주가가 저항선에 도달했을 때 매도 신호로, 주가가 지지선에 도달했을 때 매수 신호로 볼 수 있다.

등락이 큰 주식일수록 Envelope 곡선의 범위를 더 크게 하나 보통 지표값으로 [기간 20], [Percent 25]를 사용하는 것이 좋다.

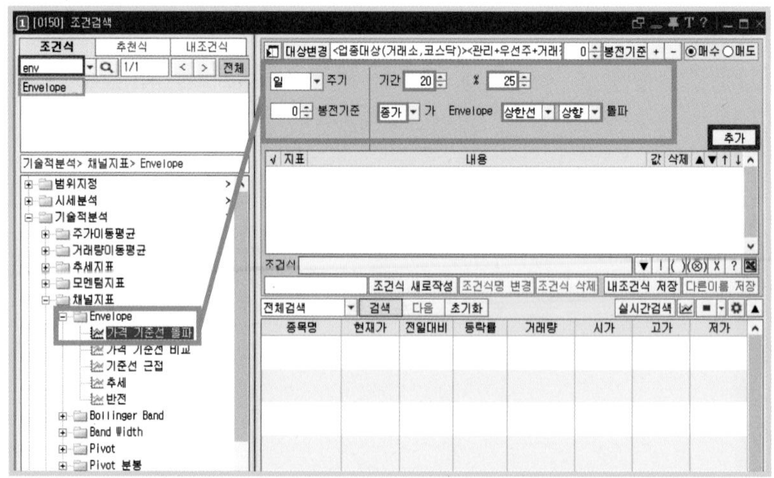

마찬가지로 조건검색창에 [env]를 입력하면(철자를 다 입력할 필요는 없다) 아래에 [Envelope]이 나오고, 이를 클릭하면 풀다운 메뉴에 [Envelope] - [가격 기준선 돌파]가 나온다. 이를 선택하면 오른쪽 상단에 조건값을 입력하는 창이 나오고 여기에 [일]주기, 기간[20], %[25], [종가]가 Envelope [상한선] [상향] 돌파를 입력한 뒤 [추가] 버튼을 누른다.

지표 내용에 입력한 검색식([일]0봉전 Envelope(20,25) 종가가 Envelope 상한선 상향 돌파)이 나타나면 [검색] 버튼을 클릭해 해당조건을 만족하는 종목들을 확인한다. 총 9개 종목이 해당 조건을 만족함을 알 수 있다.

추출된 종목들 중 [엔케이물산]을 살펴보자.

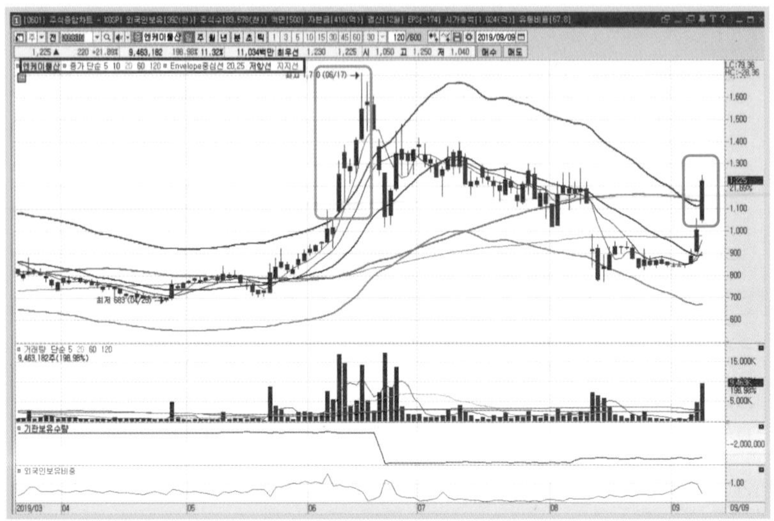

[엔케이물산]의 일봉 차트를 보면, **[Envelope]의 저항선을 종가상 상향 돌파**했음을 볼 수 있다. 더욱이 이 종목은 중요한 저항 이동평균선인 60일선도 동시에 상향 돌파했기 때문에 향후 주가가 추가 상승할 가능성이 높다.

이 종목은 과거에도 [Envelope]의 저항선을 돌파한 이후 추가적으로 급등(**주황색박스**) 했기에 이번에도 추가 상승의 여지는 충분하다고 할 수 있다.

마지막으로 [Demark] 보조지표에 대해 알아보자.

[Demark]는 잘 알려져 있지 않은 보조지표이나 분봉에서 유용하게 사용될 수 있는 보조지표다. 실전에서는 **주가가 [Demark] 지표의 목표고가를 상향 돌파할 때 매수** 진입한다.

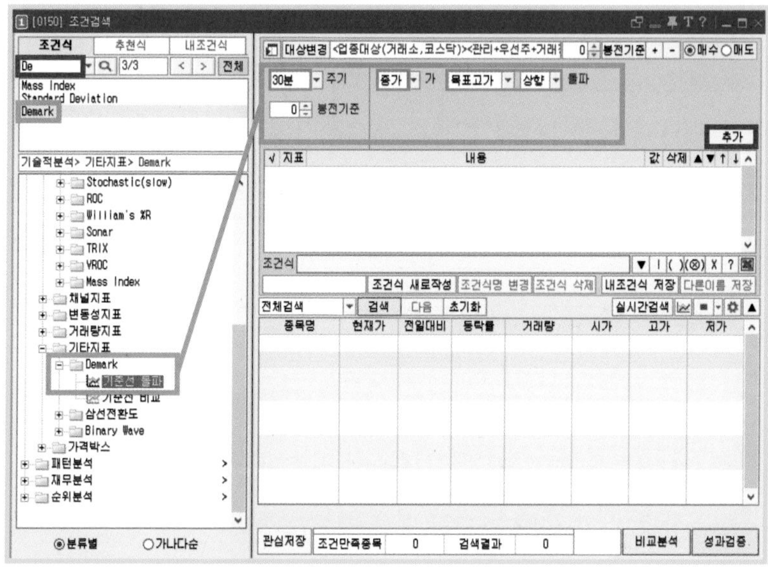

조건검색창에서 왼쪽 상단에 [De]라고 입력하면 아래에 [Demark]가 나오고 이를 클릭하면 풀다운 메뉴에 [Demark] - [기준선 돌파]를 선택한다.

선택하고 나면, 오른쪽 상단에 **[Demark] 조건값을 입력하는 창**이 나오고 여기에 [30분] 주기, [종가]가 [목표고가]를 [상향] 돌파하도록 설정하고 [추가] 버튼을 누른다.

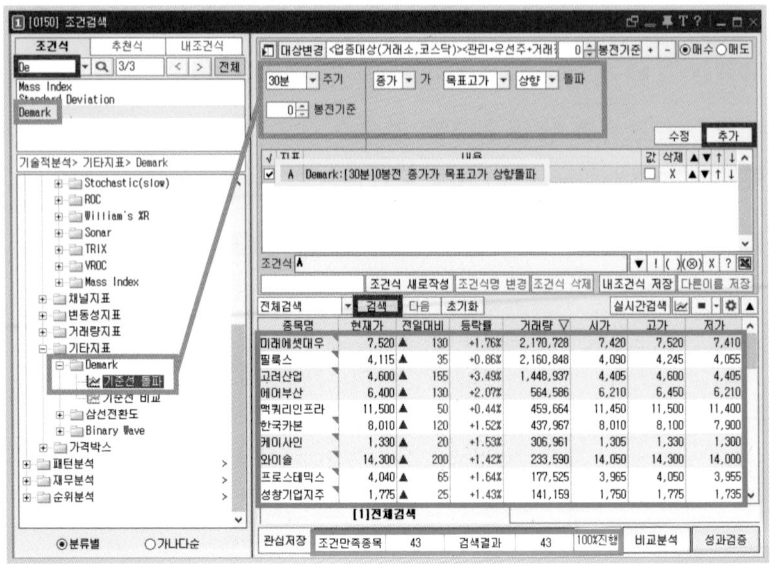

[추가] 버튼을 누르고 **지표 내용에 입력한 조건식**(노란색박스)이 나왔는지 확인한 후에 [검색] 버튼을 클릭하면, 43개 종목이 추출되는 것을 확인할 수 있다.

여기서 추출된 종목들은 종가상 검색된 종목이므로 장 중 30분 분봉으로 [Demark]를 돌파한 후 어떤 흐름을 보이는지 [서암기계공업]이라는 종목의 30분봉 차트를 살펴보자.

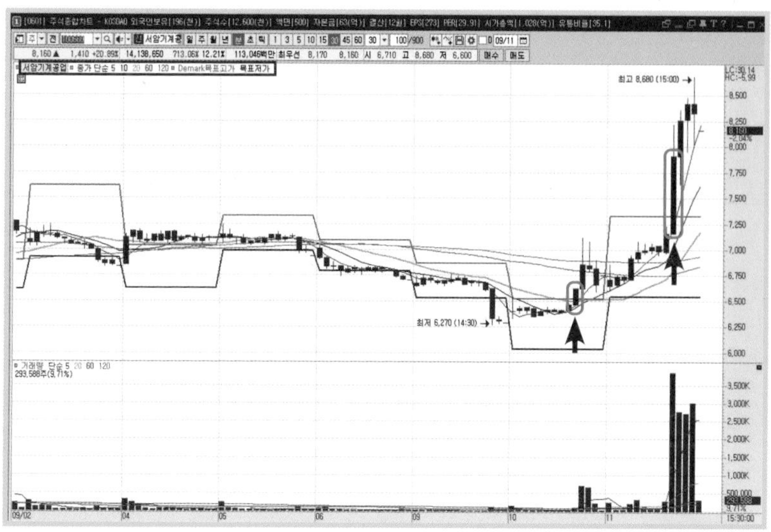

[서암기계공업]의 30분봉 차트를 보면, 주가가 [Demark] 지표의 **주황색 [목표고가]**를 상향 돌파하고 추가 급등이 나오는 것을 확인할 수 있다.

돌파할 때는 장대양봉이나 단봉의 양봉이라도 양봉 캔들의 절반이 목표고가를 넘었을 때 매수 진입하는 것이 다음 30분봉에서 바로 수익 낼 확률이 높다.

08

기초검색식 ⑧ - [영업이익률]과 [ROE]

이번에는 가치 투자에 있어서 가장 중요하다고 할 수 있는 지표인 [영업이익률]과 [ROE]에 대해 검색식 작성 연습을 해보자.

[영업이익률]이란 **매출액 대비 벌어들인 영업이익**을 뜻하며(영업이익률=영업이익/매출액×100), [ROE]란 [Return On Equity]의 약자로 **자기자본이익률**이라고 하며 **자기자본대비 벌어들인 순이익**(자기자본이익률 = 이익/자기자본×100)을 뜻한다.

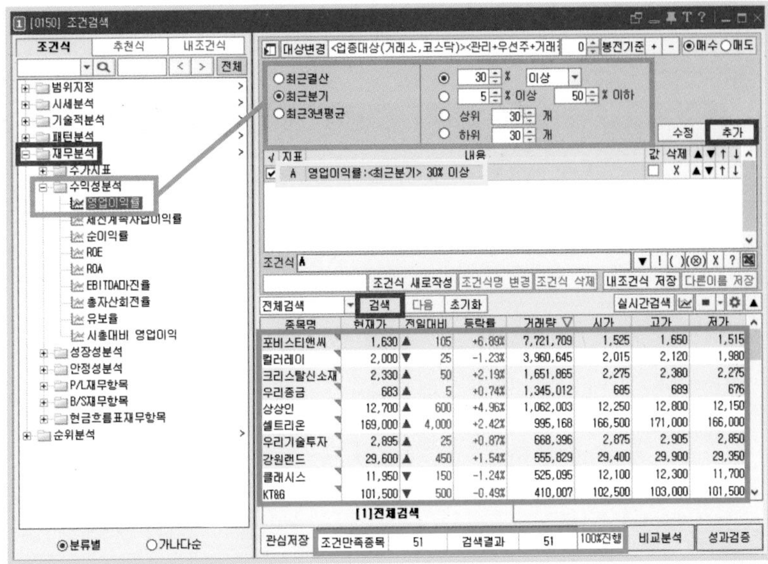

[영업이익률]부터 조건검색식으로 작성해보자. 자료처럼 [재무분석] - [수익성분석] - [영업이익률]을 선택하면 오른쪽에 조건값을 입력하는 창이 나온다. 여기서 [최근분기], [30%] 이상으로 입력하고 [추가] 버튼과 [검색] 버튼을 클릭하면 51개 종목이 조건값을 충족함을 알 수 있다.

추출된 종목들 중 [컬러레이]를 살펴보자.

IFRS(연결)	Annual 2016/12	Annual 2017/12	Annual 2018/12	Annual 2019/12(E)	Net Quarter 2018/12	Net Quarter 2019/03	Net Quarter 2019/06	Net Quarter 2019/09(E)
매출액	390	477	482		151	108	109	
영업이익	226	275	279		91	61	62	
당기순이익	193	237	265		113	48	49	
지배주주순이익	193	237	265		113	48	49	
비지배주주순이익	0	0	0		0	0	0	
자산총계	514	1,201	1,405		1,405	1,489	1,600	
부채총계	103	110	85		85	71	101	
자본총계	411	1,091	1,321		1,321	1,418	1,499	
지배주주지분	411	1,091	1,321		1,321	1,418	1,499	
비지배주주지분	0	0	0		0	0	0	
자본금	60	550	547		547	567	565	
부채비율	24.94	10.10	6.41		6.41	5.00	6.74	
유보율	590.59	98.31	141.36		141.36	149.95	165.30	
영업이익률	57.80	57.64	57.74		60.20	56.64	56.64	

우선 [컬러레이]의 기업분석 내용을 보면, 최근 분기인 2019년 6월 **[영업이익률]**이 56.64%인 것을 확인할 수 있다.

하지만 기본적 분석 내용이 우수하다고 해서 이것만 보고 매수 진입을 해서는 안 되고 항상 기술적분석을 통해 매수 타점을 잡아야 한다.

[컬러레이]의 일봉 차트를 보면, **[영업이익률]**이 아무리 높아도 하락구간에서 매수하면 안 되며, 적어도 역배열 상태에서 대량의 거래량을 동반하며 주가가 20일, 60일 이동평균선은 돌파하는 지점에서 매수하는 것이 좋다.

참고로 **녹색박스와 빨간색 화살표** 지점들은 강한 매수 타점이 될 수 있다. 기업실적이 좋기 때문에 중장기 투자자는 60일 이동평균선을 돌파한 지점에 매수해 20일 이동평균선을 하향 이탈할 때까지 홀딩하는 전략이 유효하고, 단기 투자자라면 대량거래량의 힘을 확인한 후 양음양 캔들패턴에서 매수 진입하는 것이 좋다.

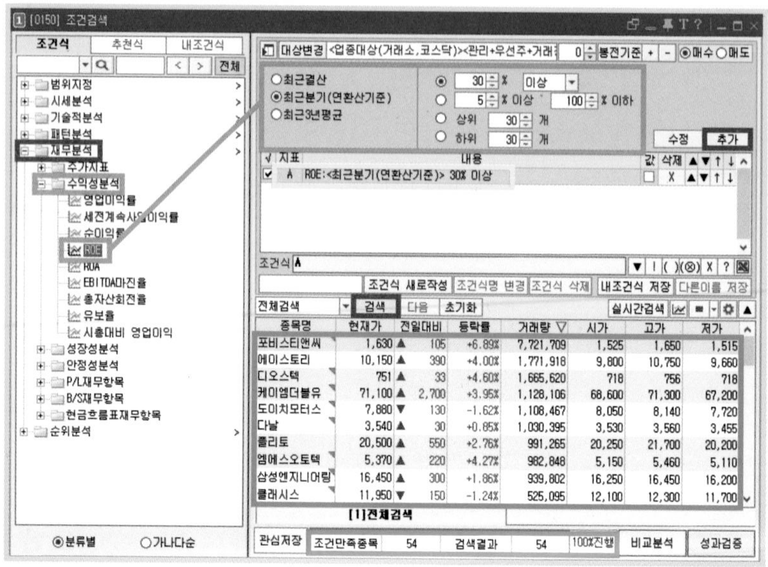

다음으로 [ROE]에 대한 검색식 작성을 연습해보자. 조건검색창에서 마찬가지로 [재무분석] - [수익성분석]에서 이번에는 [ROE]를 선택하고 오른쪽 입력창에 [최근분기] - [30%] 이상으로 설정하고 [추가] 버튼을 클릭하면 54개 종목이 추출되는 것을 확인할 수 있다.

추출된 종목들 중에서 [에이스토리]란 종목을 살펴보자.

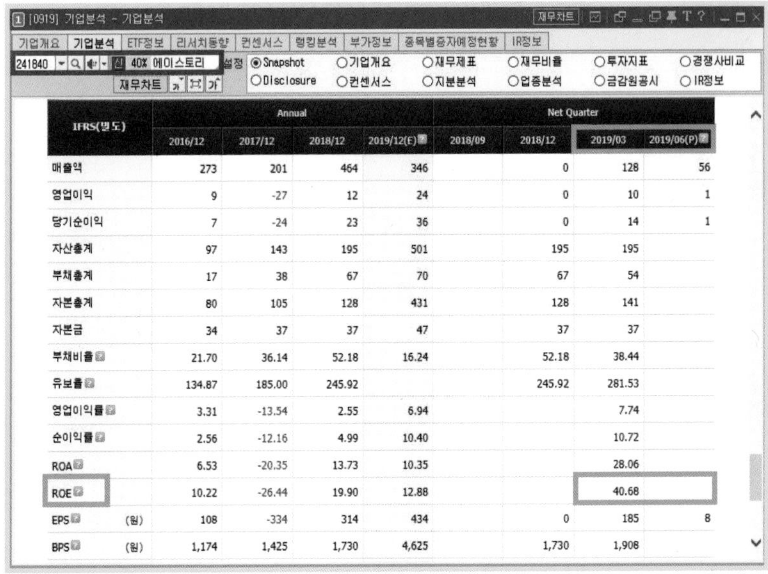

IFRS(별도)	Annual				Net Quarter			
	2016/12	2017/12	2018/12	2019/12(E)	2018/09	2018/12	2019/03	2019/06(P)
매출액	273	201	464	346		0	128	56
영업이익	9	-27	12	24		0	10	1
당기순이익	7	-24	23	36		0	14	1
자산총계	97	143	195	501		195	195	
부채총계	17	38	67	70		67	54	
자본총계	80	105	128	431		128	141	
자본금	34	37	37	47		37	37	
부채비율	21.70	36.14	52.18	16.24		52.18	38.44	
유보율	134.87	185.00	245.92			245.92	281.53	
영업이익률	3.31	-13.54	2.55	6.94			7.74	
순이익률	2.56	-12.16	4.99	10.40			10.72	
ROA	6.53	-20.35	13.73	10.35			28.06	
ROE	10.22	-26.44	19.90	12.88			40.68	
EPS (원)	108	-334	314	434		0	185	8
BPS (원)	1,174	1,425	1,730	4,625		1,730	1,908	

[에이스토리]의 기업분석 내용을 보면, 최근 분기에 [ROE]가 40.68%임을 알 수 있다. **[영업이익률]**과 마찬가지로 실전에서 매수 진입할 때는 항상 매수 타점이 있을 때 하는 것이 좋다.

중장기 투자자라 할지라도 하락 구간에서 매수 진입을 하면 한동안 고생하면서 시간을 허비할 수 있기 때문이다.

[에이스토리]의 일봉 차트를 보면, 신규 상장된 지 얼마 안 되어서 60일 이동평균선은 아직 나타나지 않고 있다. 일단 **녹색박스**를 보면, 8월 말에 대량의 거래량을 동반하면서 20일 이동평균선을 윗꼬리로 돌파한 모습을 볼 수 있다. 하지만 그날은 아직 종가상 20일 이동평균선에 안착하지 못했기 때문에 매수 타점은 **빨간색 화살표 지점**이 된다.

빨간색 화살표 전일도 20일 이동평균선을 근소한 차이로 돌파했는데, 양음양 캔들 완성 지점이기 때문에 이날 소량 정도는 선진입해도 무방하다.

09

기초검색식 ⑨ - [외국인]과 [기관] 순매수

주식 시장에서 큰손이라고 하면 당연 외국인과 기관을 들 수 있다. 항상 그런 것은 아니지만 많은 경우 외국인 혹은 기관이 순매수를 많이 한 날은 지수가 강한 상승을 보인다. 더욱이 외국인과 기관이 동시에 순매수를 하는 날은 시장이 폭등할 가능성이 높다.

따라서 종목 검색식에 [외국인] 혹은 [기관]의 순매수를 넣는 것은 의미가 있다.

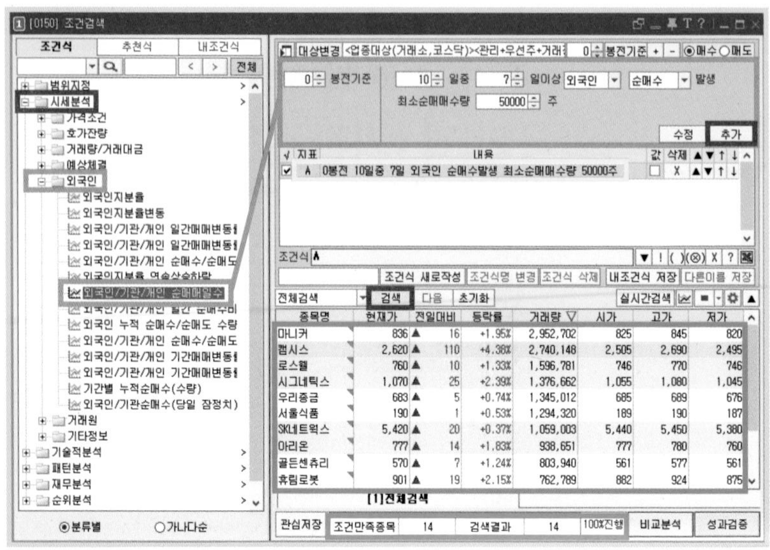

우선 [외국인] **순매수**부터 검색식을 작성해보자. 조건검색창에서 [시세분석] - [외국인] - [외국인/기관/개인 순매수일수]를 선택하고 오른쪽 입력창에 [10]일 중 [7]일 이상 [외국인] [순매수] 발생, 최소순매매수량 [50,000]주를 입력하고 [추가] 버튼을 누른다.

지표 내용에 입력한 조건식이 나오면 [검색]을 눌러 추출종목들을 확인한다. 총 14개 종목이 추출된 것을 볼 수 있다.

이 종목들 중에서 [캠시스]란 종목을 살펴보자.

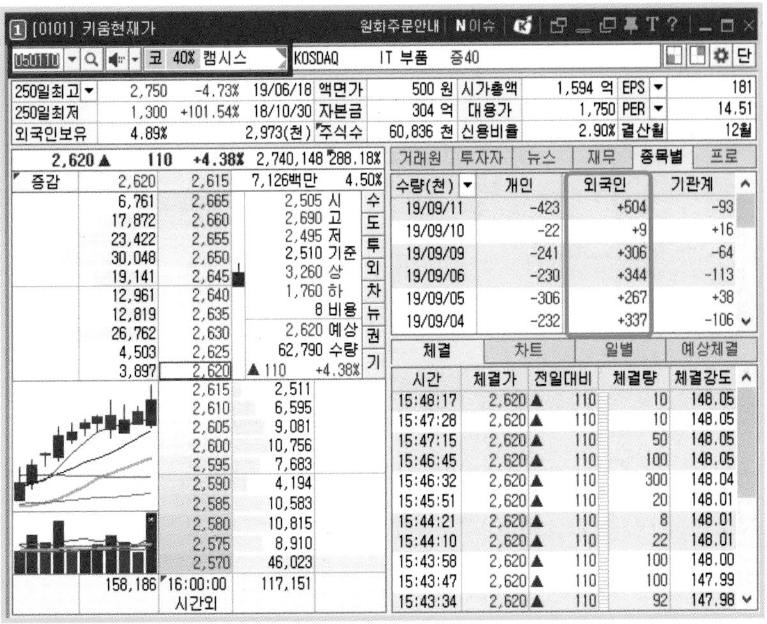

[캠시스]의 현재가 창을 보면, 외국인의 순매수가 연일 계속되고 있는 것을 확인할 수 있다. 정확히 보면 9월 11일까지 **8일 연속 순매수**를 보이고 있다.

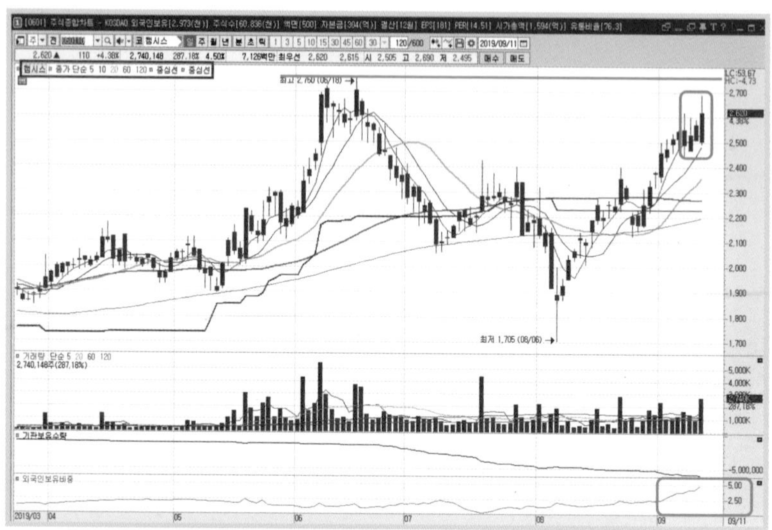

[캠시스]의 일봉 차트를 보면, 우측 하단에 **[외국인보유비중]**이 2019년 9월 초부터 가파르게 상승하고 있는 것을 볼 수 있다.

특히 기업분석을 해보면 외국인이 계속 순매수를 하고 있는 측면은 당연 실적 때문이다. 실적이 올해 들어 분기별로 증가하고 있다가 2분기부터 그 증가폭이 커지고 있다.

물론 외국인이 순매수를 연일 하더라도 매수 타점은 항상 기술적 분석을 통해서 해야 한다. 우측 상단의 녹색박스는 매수 타점이 가능한 양음양 캔들 패턴이고 거래량 또한 다시 큰 폭으로 증가하고 있어 직전 고점인 2,750원을 돌파할 가능성이 높다.

다음으로 [기관] 순매수 검색식을 작성해보자.

조건검색창에서 **[외국인] 순매수**를 검색했던 입력창에서 **[외국인]**을 [기관]으로 수정하고 [추가] 버튼을 누르면 총 10개의 종목이 해당 조건을 만족함을 볼 수 있다.

추출된 종목들 중 [해마로푸드서비스]를 살펴보자.

[해마로푸드서비스]의 일봉 차트를 보면, 우측 하단에 **[기관보유수량]**이 2019년 8월부터 지속적으로 증가하고 있음을 볼 수 있다. **[외국인] 검색**과 마찬가지고 [해마로푸드서비스]의 현재가 창을 보면 **[기관]의 순매수**가 최근 10일 **중** 9일 **동안 진행**되고 있는 것을 확인할 수 있다.

물론 **[기관]**이 순매수를 지속하는 데는 역시 실적이 좋아지고 있기 때문이다. 그런데 위 차트에서 우측 상단의 녹색박스를 보면 양음양 캔들 패턴이기는 하지만 직전 고점인 2,865원(파란색선)을 돌파했고 이동평균선들의 이격도(벌어져 있는 간격)가 다소 크기 때문에 매수 후 한 번 더 급등 시 매도하고 다시 눌림목(추세를 훼손시키지 않은 상태에서의 하락 조정)이 생길 때마다 분할 매수하는 전략이 좋다.

03

검색식 실전 활용 –
조합검색식

01
대상변경이 우선이다

이번 장부터는 여러 가지 검색식 조합을 연습해보면서 실전 적용에 대한 아이디어를 얻어보도록 하자.

우선 조합 검색식을 작성하기에 앞서 **[대상변경]**을 해야 한다. **[대상변경]**이란 내가 원하는 종목들만을 추출하기 위해 **불필요한 종목들을 제외하는 작업**이다. 즉, **투자경고/위험, 불성실공시기업, 단기과열종목, 환기종목, 관리종목, 거래정지, 정리매매, 스팩,** ETF, ETN 등 변동성이 크거나 상장폐지가 될 가능성이 높은 위험도가 큰 종목들과 지수 관련 종목들은 배제하고 투자 대상을 선정하는 것이 안전하다. 시세차익을 얻으려고 주식 투자를 하는데 내가 투자한 종목이 하루아침에 없어져버린다면 이것만큼 난처한 상황은 없을 것이다.

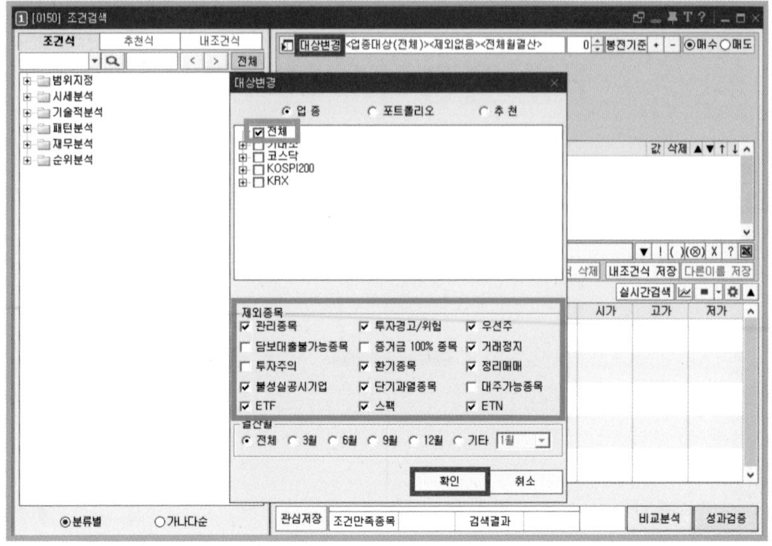

조건검색창에서 가운데 상단 [대상변경]을 클릭하면 작은 창이 생성된다. 여기서 [전체]를 선택하고 제외종목에서 **관리종목, 불성실공시기업, ETF, 투자경고/위험, 환기종목, 단기과열종목, 스팩, 우선주, 거래정지, 정리매매, ETN을 선택해 해당 종목들을 제외**시키고 [확인]을 누른다.

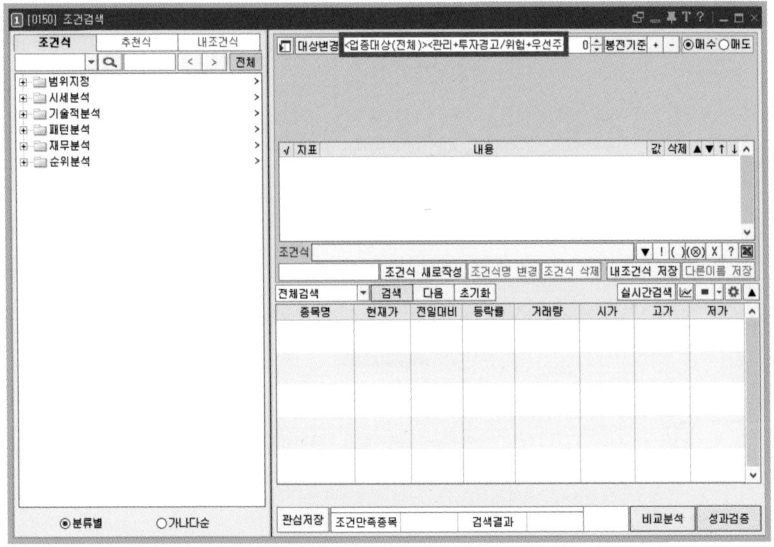

[대상변경]을 완료한 후 [확인]을 누르면, 조건검색창 상단 중앙에 〈업종대상(전체)〉 〈관리〉 〈투자경고/위험〉 〈우선주〉 등으로 변경된 것을 확인할 수 있다.

자, **[대상변경]**이 끝났으면 이제 여러 가지 검색식을 합친 조합검색식을 연습해보면서 실전 매매를 위한 준비를 해보자.

02 조합검색식 ① - [시가총액+거래량+주가등락률]

첫 번째로 [시가총액]과 [거래량], [주가등락률]의 조합검색식을 만들어보자.

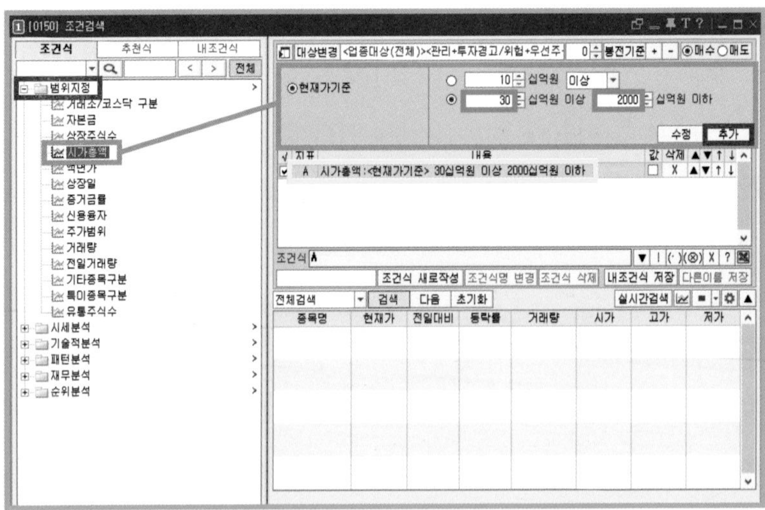

우선 조건검색창에서 **[범위지정]** - **[시가총액]**을 선택한 후에 오른쪽 입력창에 **[현재가기준]**, [시가총액 300억 원 이상 2조 원 이하]로 설정한다. 디폴트 단위가 **[십억 원]**이므로 0의 **개수에 주의**한다. 입력한 후에 [추가] 버튼을 눌러 〈**지표 내용**〉에 해당 조건식이 나오는지 확인한다.

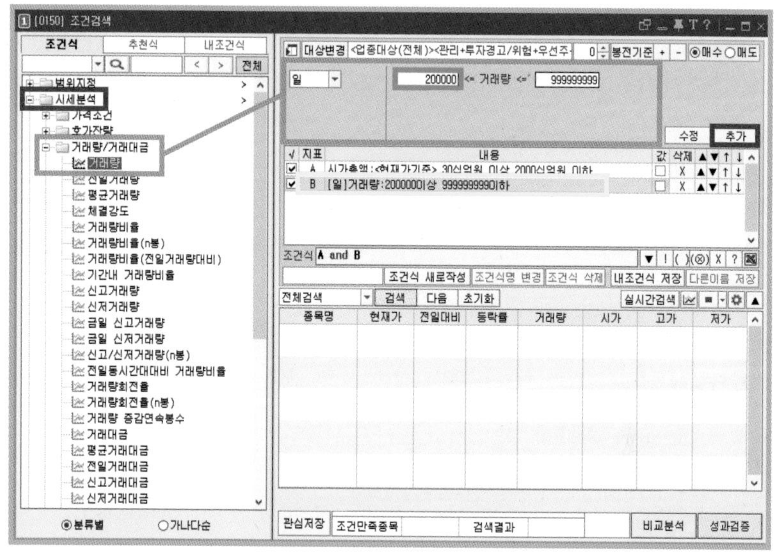

다음으로 [시세분석] - [가격조건] - [거래량/거래대금] - [거래량]을 선택해 오른쪽 검색식 입력창에 [일] 주기, [20만 주] 이상으로 설정하고 [추가] 버튼을 누른다. 역시 **지표 내용**에 **[거래량] 조건식**이 추가되는지 확인한다.

1, 2장에서 언급했다시피 일 거래량이 너무 많으면 이미 급등한 후일 가능성이 높고, 너무 적으면 만약 세력이 수급을 넣어주지 않으면 한동안 움직임이 없어 매수한 후 마음 고생을 할 수가 있다. 따라서 일 거래량은 최소 20만 주 이상으로 설정하는 것이 좋으며 약간 공격적인 종목을 검색하고자 한다면 **50만 주 이상**으로 설정하는 것도 가능하다.

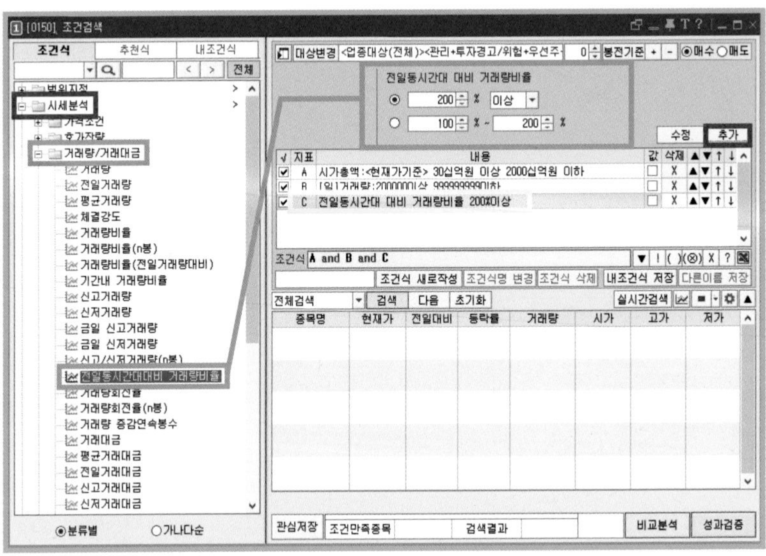

추가로 [거래량/거래대금] - [전일동시간대비 거래량비율]을 선택해 오른쪽 입력창에 [200]% 이상으로 설정하고 [추가] 버튼을 눌러 지표 내용에 **[전일동시간대비 거래량비율]**이 추가됐는지 확인한다.

보통 전일동시간대비 **200% 이상**으로 거래량이 증가하는 종목은 당일 상승 내지 급등할 확률이 높다. 즉, 오늘 거래량이 전일보다 같은 시각 대비 2배 이상 많다는 것은 강한 선도세력이 해당 종목에 대해 계속 순매수를 하고 있다고 볼 수 있기 때문에 당일 중폭 이상의 상승세를 보이는 경우가 많고 심지어는 상한가도 곧잘 가기도 한다.

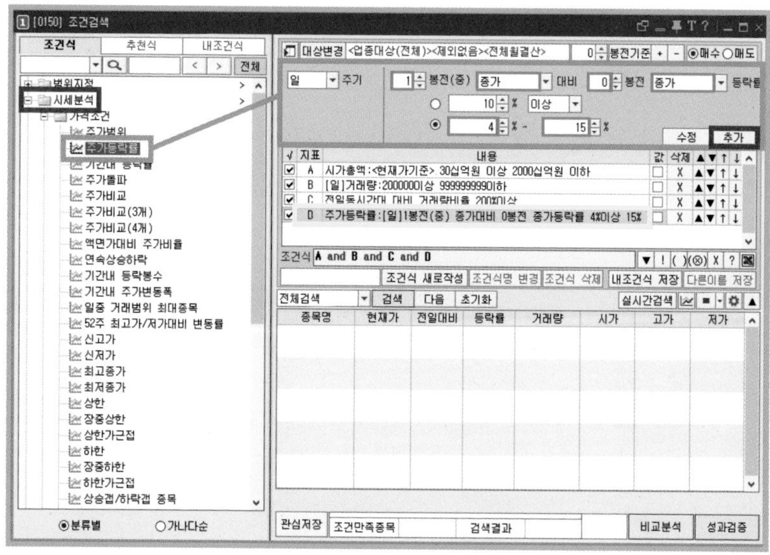

마지막으로 [시세분석] - [가격조건] - [주가등락률]을 선택해 오른쪽 검색식 입력창에 [일]주기, [1]봉전 [종가] 대비(**전일종가대비**), [0]봉전 [종가](**당일 종가**) 등락률이 [4]% 이상 [15]% 이하로 설정하고 [추가] 버튼을 눌러 〈**지표 내용**〉(**노란색박스**)에 해당 조건식이 추가되는지를 확인한다.

당일 [주가등락률]을 전일종가대비 최소 +4% 이상으로 설정하는 것은 장 중 검색 시에 **'상승률 마디가'**의 첫 번째 단계인 +4~5%는 상승해야 당일 추가 상승을 노려볼 수 있기 때문이고, 종가 부근 스윙매수를 위한 검색 시에도 이 정도는 상승한 종목이 다음날 이후 바로 일봉상 추가 상승을 보여주는 경우가 많기 때문이다.

그런데 [주가등락률]을 전일종가대비 상승한 조건만 넣을 경우 전일종가대비 10% 이상 갭상승을 보였다가 분봉상 시초가 이후 상승폭을 계속해서 줄이는 일봉상 음봉(당일 시가 대비 현재가 혹은 종가가 낮은 캔들)일 경우가 검색될 가능성도 있기 때문에 **당일 [저가] 대비 조건식**을 하나 더 추가하는 것이 좋다.

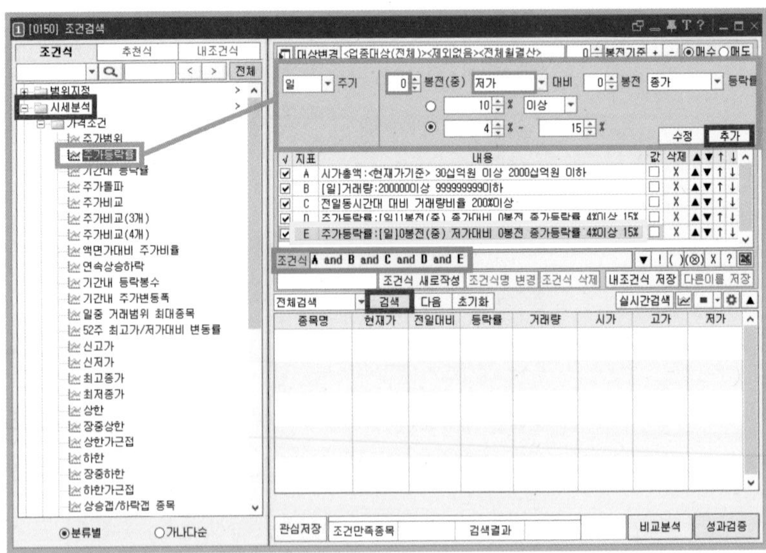

[주가등락률] 검색식 입력창에 [0]봉전 [저가] 대비, [0]봉전 [종가] 등락률이 [4]% 이상 [15]% 이하로 하나 더 입력하고 [추가] 버튼을 누르면 **〈지표 내용〉(노란색박스)**에 당일 [저가] 대비 현재가 (혹은 종가) 상승률이 +4%~+15% 상승한 조건식이 추가된 것을 확인할 수 있다.

이 뜻은 갭상승 이후 일봉상 음봉**(당일 시가 대비 현재가 혹은 종가가 낮은 캔들)**인 종목은 제외하고 일봉상 **양봉(당일 시가 대비 현재가 혹은 종가가 높은 캔들)**이면서 **당일 [저가] 대비 +4% 이상인 종목을 추출**하라는 것으로 장 중 추가 상승이나 일봉상 다음 날 이후 상승을 노리겠다는 것이다.

여기서 [시가] 대비로 하지 않고 [저가] 대비로 하는 것은 상승폭의 상대치보다는 절대치가 중요하기 때문으로 세력의 강한 힘을 확인한 후 진입하는 것이 매수 진입 후 수익을 낼 확률이 높기 때문이다.

모든 조건식을 추가한 후에는 조건검색창 중간 **녹색박스**에 5가지 조건식이 [and] 조건으로 묶였는지 확인하고 [검색] 버튼을 누른다. **[and] 조건식**은 해당되는 조건식들의 값을 모두 만족하는 종목을 추출하라는 뜻이다.

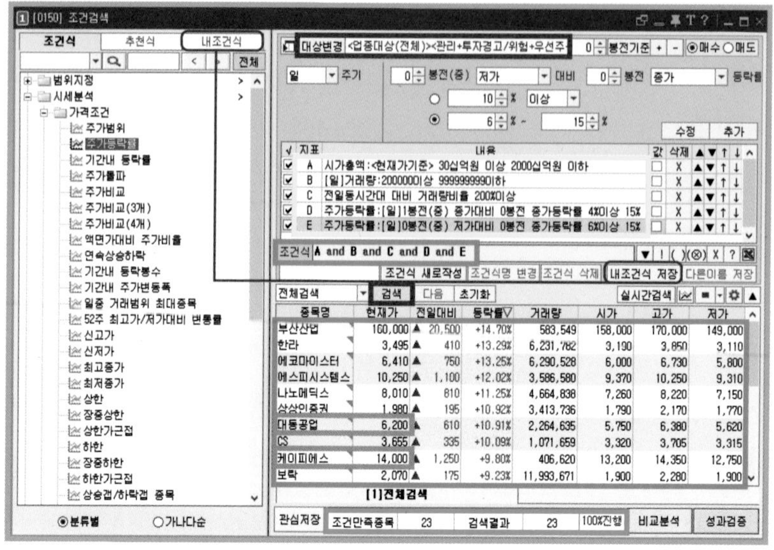

검색기를 작성할 때 주의할 점은 새로운 검색기를 만들 때마다 [대상변경]이 초기화되기 때문에 3장의 '01. 대상변경이 우선이다'에서 설명한 대로 다시 한번 **[대상변경]**에서 제외할 종목군들을 체크하고 [검색] 버튼을 누른다.

해당 조합조건식들을 모두 만족하는 종목들이 총 23개 추출된 것을 확인할 수 있다. 검색 종목들은 항상 현재 기준이기 때문에 같은 조건식으로 검색하더라도 날짜에 따라 검색되는 종목들이 달라진다는 점을 유의한다. 검색된 특정 날짜 이후에 해당 검색기에 대한 유효성 검증은 [성과검증] 파트에서 자세히 살펴보도록 한다.

검색이 완료된 후에는 **[내조건식 저장]**을 클릭해 **[시가총액 + 거래량 + 주가등락률]**이란 이름으로 저장하면 **[내조건식]**에 저장된다. 검색기 이름은 자유롭게 정해도 무방하다.

저장이 완료됐으면 추출된 종목들 중 **[대동공업]**과 **[케이피에스]**, 두 종목에 대해 살펴보자.

[대동공업]의 일봉 차트를 보면, **[시가총액]**, **[거래량]**, **[전일동시간대비 200% 이상 거래량]**, **[주가등락률]** 조건들이 모두 만족함을 볼 수 있다.

또한 이 종목은 검색 당일 기준, 주요한 20일, 60일 이동평균선을 모두 돌파했고 이동평균선들 또한 역배열 이후 밀집됐다가 정배열 초기 모습을 만들고 있다. [거래량] 또한 최근 6개월 내 최대 거래량을 보이고 있어 직전 고점인 6,640원을 돌파하는 급등세가 이어질 가능성이 매우 높은 상태라고 할 수 있다.

다음으로 [케이피에스]의 일봉 차트를 보면, 마찬가지로 **[시가총액], [거래량], [전일동시간대비 200% 이상 거래량], [주가등락률] 조건**들이 모두 만족되고 있음을 볼 수 있다.

이 종목은 아직까지 120일 이동평균선이 역배열된 상태이지만 5일, 10일, 20일 이동평균선이 강한 정배열 상태이고 6연속 양봉 캔들이 연속해서 출현하고 있어(**주황색박스**) 단기적으로 매우 강한 흐름이라고 할 수 있다. 5연속 이상의 양봉 캔들이 출현하면서 주요 저항 이동평균선을 돌파하고 다시금 거래량이 전일 대비 2배 이상 증가할 때는 주가의 상승세가 멈추지 않고 계속 이어질 확률이 매우 높다.

03

조합검색식 ② - [주가이평배열+주가이평돌파+신고거래량]

이번에는 [주가이평배열], [주가이평돌파], [신고거래량]에 대한 조합 검색식을 만들어보자.

우선 앞에서 언급한 대로 새로운 검색기를 만들 때는 조건검색 창이 초기화되기 때문에 [대상변경]도 초기화된다. 따라서 3장의 '01. 대상변경이 우선이다'에서 설명한 대로 다시 한번 **[대상변경]에서 제외할 종목군들을 체크**하는 것을 잊지 않는다.

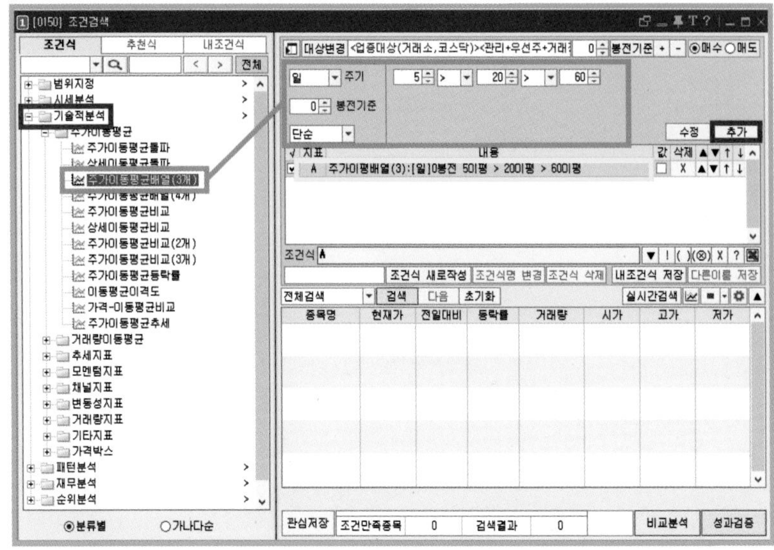

조건검색창에서 [기술적분석] - [주가이동평균] - [주가이동평균배열(3개)]를 선택해 [일]주기, [5]일선 > [20]일선 > [60]일선으로 이동평균선 정배열 조건을 입력한 후 [추가] 버튼을 눌러 **〈지표 내용〉(노란색박스)**에 조건식을 추가한다.

이동평균선 정배열 조건은 주가가 과거의 매물대 위로 올라선 이후 추가 상승을 준비 중이라는 의미로 주식 매수에 있어서 중요한 조건 중 하나이므로 정배열 조건을 조합 검색식 중 하나로 넣는 것은 의미가 있다.

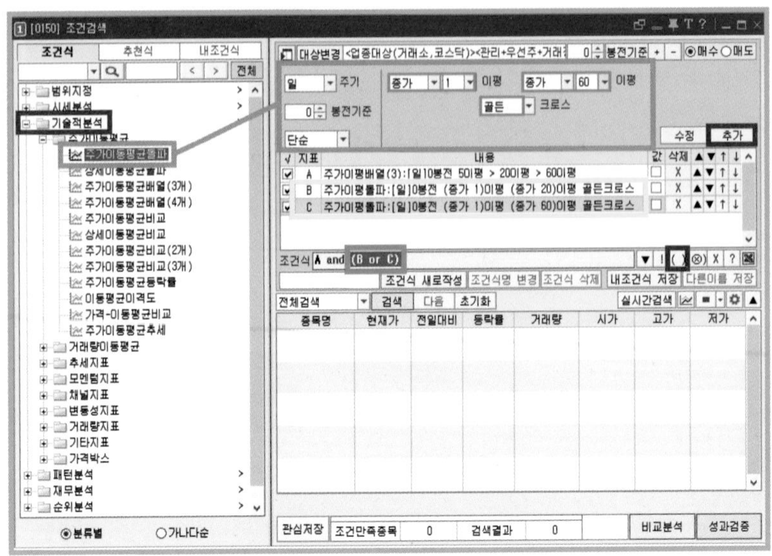

다음으로 [기술적분석] - [주가이동평균] - [주가이동평균돌파]를 선택해 **현재가(혹은 종가)가 이동평균을 돌파하는 조건식**을 추가해보자.

오른쪽 **검색식 입력창**에서 [일]주기, [종가] [1]이평(현재가 혹은 종가)이 [종가] [20]이평 [골든]크로스(돌파)를 입력하고 [추가]한다. 즉, **주가가 20일 이동평균선을 돌파하는 종목을 추출하라는 검색식**이다. 골든크로스라는 뜻이 한글로 **[돌파]**라는 뜻이다.

추가로 **같은 입력창**에서 [종가] [1]이평(현재가 혹은 종가)이 [종가] [60]이평 [골든]크로스(돌파)도 입력해 [추가] 버튼을 누른다.

즉, **주가가 60일 이동평균선도 돌파하는 종목을 추출하라는 검색식**을 추가한다.

이렇게 세 번째 조건식까지 추가하고 나면 처음에는 조건검색창 중간에 **조건식**이 [A and B and C]라고 표시된다. 여기서 [B and C] **부분을** 마우스로 블록을 잡고 오른쪽에 있는 괄호(**조그만 빨간 색박스**)를 클릭하면 조건식이 [A and (B and C)]로 바뀐다. 여기서 (B and C) 사이의 [and]를 더블 클릭하면 [or]로 변경되어 최종 조건식이 [A and (B or C)]로 나타나는 것을 확인할 수 있다.

이 뜻은 A조건(정배열조건)을 **만족하면서 주가가** B조건(20일 이동평균선돌파)이나 C조건(60일 이동평균선돌파) **중 하나 이상을 만족하는 종목을 추출하라는 것**이다. 즉, 20일과 60일 이동평균선을 동시에 돌파해도 좋고 20일과 60일 이동평균선 둘 중 하나는 **[돌파]** 하는 종목을 추출하라는 뜻이다.

이유는 간단하다. [돌파]는 하되 가능성이 높은 종목들을 가능한 많이 검색해보고 싶기 때문이다. 만약 이렇게 했는데 종목이 너무 많이 추출된다면 **[이동평균선돌파]** 조건을 다시 **[and] 조건**으로 변경해 **20일, 60일선 동시돌파로 설정**해도 무방하다.

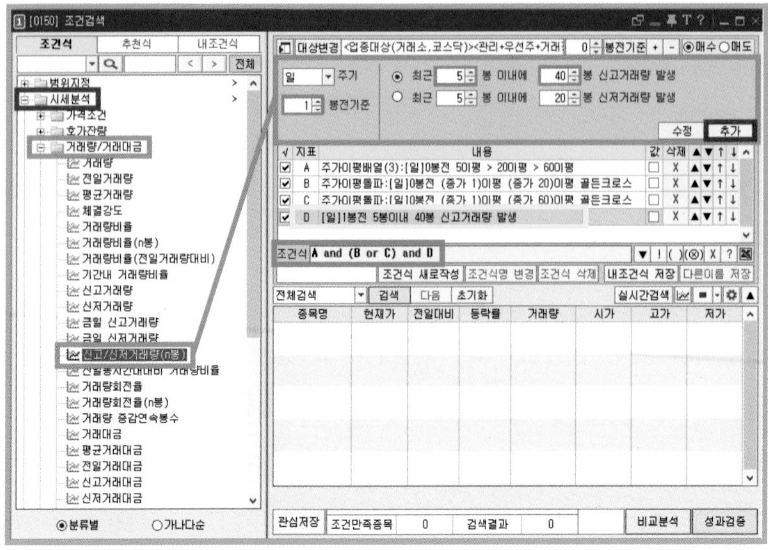

마지막으로 [신고거래량] 조건식을 추가해보자. [시세분석] - [거래량/거래대금] - [신고/신저거래량(n봉)]을 선택하면 오른쪽에 해당 **검색식 입력창**이 나온다. 여기에 [일]주기, [1]봉전(전일)기준, 최근 [5]봉 이내에 [40]봉 신고거래량 발생을 입력하고 [추가] 버튼을 누른 후에 조건검색창 중간에 **조건식**이 [A and (B or C) and D]로 설정되는 것을 확인한다. 즉, **[신고거래량] 조건식은 [and] 조건으로 무조건 만족해야 함**을 나타낸다.

이 [신고거래량] 조건식은 **[1]봉전(전일) 캔들에서 최근 5일 이내에 2달(40봉) 내 최대거래량을 보이는 종목을 추출하라는 조건식**이다. 전일을 시작으로 최근 5일 이내에서 최소 2달 내 최대거래량을 보이는 종목들은 강한 매수세력들이 이 종목을 빨리 띄우기 위해 많은 관심(?)을 보이면서 매집하고 있다는 뜻으로 해석할 수 있다. 실전용어로 "밀집파동캔들"을 표현하는 검색식이라고 할 수 있다.

그렇다면 왜 최대거래량을 보이는 날을 [전일] 기준 5일 이내로 설정할까? 물론 당일([0]봉전)을 기준으로 설정할 수도 있지만 보통 실전에서는 최대거래량을 보인 후에 속임수 껍데기 음봉(거래량이 없는 음봉)들을 출현시킨는 경우가 종종 있기 때문에 최대거래량 이후에 거래량이 잠시 소강상태를 보여줄 때 공략하는 것이 바로 수익을 낼 확률이 높다.

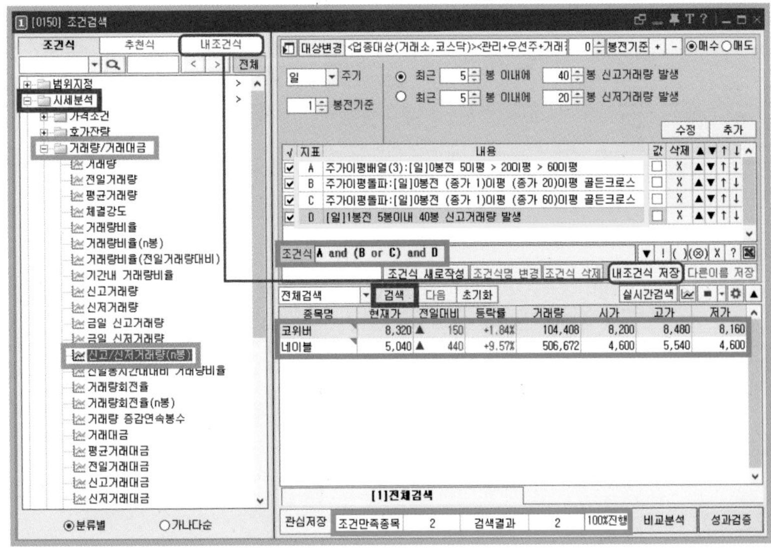

조합검색식 추가가 완료된 후에 [검색] 버튼을 클릭하면 2종목이 해당 조합검색식을 만족하는 것을 확인할 수 있다.

여기서 코스피, 코스닥에 상장된 총 2,200개 종목들 중 2개 종목만이 추출됐다는 의미는 해당 조합검색식이 매우 타이트한 조건으로 구성되어 있다는 뜻으로 해석할 수 있다.

이 조합검색식도 [내조건식 저장]을 클릭해 [**주가이평배열 + 주가이평돌파 + 신고거래량**]이란 이름으로 [**내조건식**]에 저장해놓자. 역시 검색기 이름은 자유롭게 정해도 무방하다.

추출된 종목들 중 거래량이 20만 주 이상인 [**네이블**]에 대해 살펴보자.

앞의 [네이블]의 일봉 차트를 보면, **5일선 〉 20일선 〉 60일선으로 [이동평균선 정배열] 조건을 만족하고 있고 주가가 20일 이동평균선을 돌파했음**을 볼 수 있다. 또한 **전일기준 최근 5일 이내에 2달(40봉) 내 최대거래량 조건도 만족**하고 있다.

이 종목의 일봉 캔들을 자세히 살펴보면, 2019년 9월 9일에 직전 6개월 내 최대거래량을 동반하면서 장대양봉으로 최고가 5,800원을 찍은 이후 다음 날 장대음봉으로 20일 이동평균선을 하향 이탈했다가 다시 9월 11일에 20일 이동평균선을 재돌파한 것을 볼 수 있다. 즉, 최대거래량 이후 이렇게 속임수 대음봉을 출현시키면서 장대양봉에서 매수한 투자자들을 손절시키고 다시 상승하는 경우가 종종 나타나기 때문에 최대거래량 조건을 [전일] 기준 5일 이내로 설정하는 것이 안전하다.

거래량과 주가의 파동과 위치상 이 종목의 향후 흐름은 흔들기(고점 매수자를 손절시키는 음봉 이후 양봉 패턴)는 또 나올 수 있지만 우상향의 주가 흐름을 보일 가능성이 높다고 할 수 있다.

04
조합검색식 ③ - [캔들연속발생+상세이동평균돌파+거래량]

세 번째 조합검색식으로 [캔들연속발생 + 상세이동평균돌파 + 거래량]에 대해 알아보자.

가만히 있던 주가가 양봉(종가가 시가 보다 높음) 캔들이 며칠간 연속해서 출현할 때는 해당 종목에 주목해야 한다. 보통 종가가 시가보다 높은 양봉 캔들을 만든다는 것은 세력들이 이른바 "종가관리"를 한다고 볼 수 있는데 이러한 "종가관리"를 며칠 동안 연속해서 한다는 것은 단기적으로 시세가 우상향할 확률이 높다.

특히 단봉의 양봉 캔들이 아닌 장대양봉이 섞여서 출현하며 저항으로 작용했던 주요 이동평균선들마저 돌파한다면 시세가 우상향의 흐름을 넘어서 추가 급등할 확률이 매우 높다.

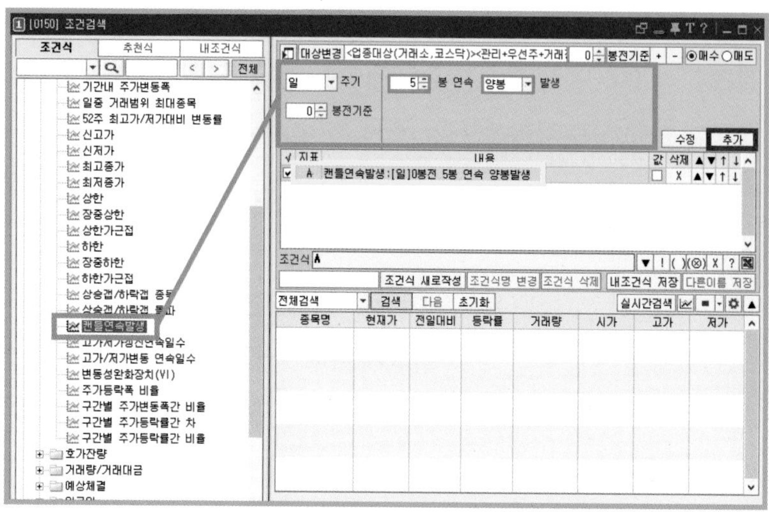

조건검색창에서 [시세분석] - [가격조건] - [캔들연속발생]을 선택하고 오른쪽 조건식 입력창에 [일]주기, [0]봉전기준, [5]봉 연속 [양봉] 발생을 입력하고 [추가] 버튼을 누른다.

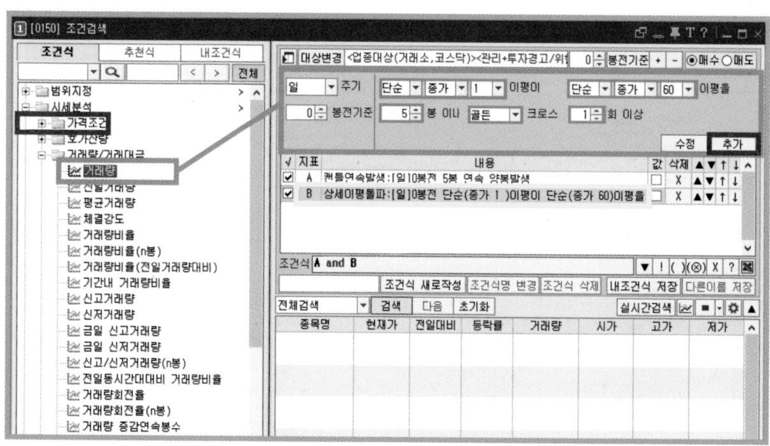

다음으로 [상세이동평균돌파] 검색식을 추가해보자. [기술적 분석] - [주가이동평균] - [상세이동평균돌파]를 선택한 후에 [일]주기, [0]봉전기준, [단순, 종가, 1]이평(현재가 혹은 종가)이 [단순, 종가, 60]이평을 [5]봉 이내에서 [골든]크로스(돌파) [1]회 이상으로 설정하고 [추가] 버튼을 누른다.

[1]이평(현재가 혹은 종가)이 [60]이평을 돌파하는 조건은 [주가이동평균돌파]와 동일하지만 [상세이동평균돌파] 조건식에는 **어떤 캔들이든 설정된 구간 내에서** [60]이평을 한 번만 돌파하면 조건에 부합**한다는 세부조건**을 입력할 수 있다.

여기서 [5]봉 이내라 함은 5봉 연속 양봉 캔들의 시작부터 지금까지 5개의 양봉 캔들 중 어떤 것이든 [60]이평을 돌파하기만 하면 된다는 의미다.

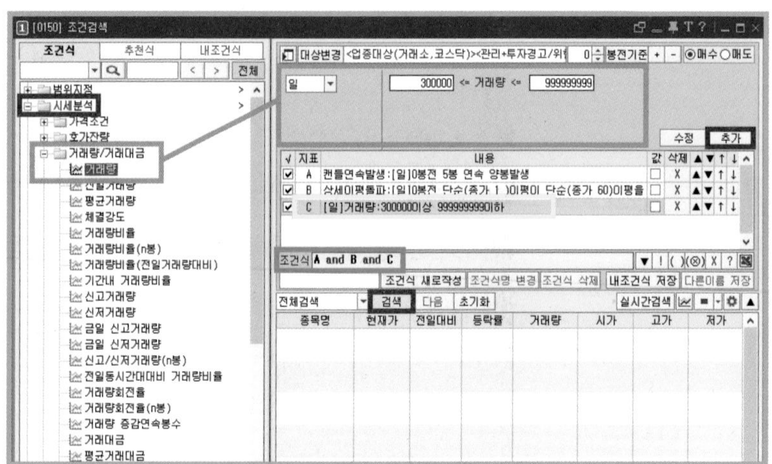

마지막으로 [시세분석] - [거래량/거래대금] - [거래량]을 선택한 후에 당일 거래량이 [30만 주] 이상으로 입력하고 [추가] 버튼을 눌러 조건검색창 중간에 조건식 [A and B and C]를 확인하고 [검색] 버튼을 클릭한다.

아무리 5봉 연속 양봉 캔들이 출현하고 이 중 어느 한 개의 양봉이 60일 이동평균선을 돌파했다고 해도 거래량이 너무 적다면 추가 상승의 신뢰도가 낮을 수 있기 때문에 30만 주 이상의 거래량은 설정하는 것이 좋다.

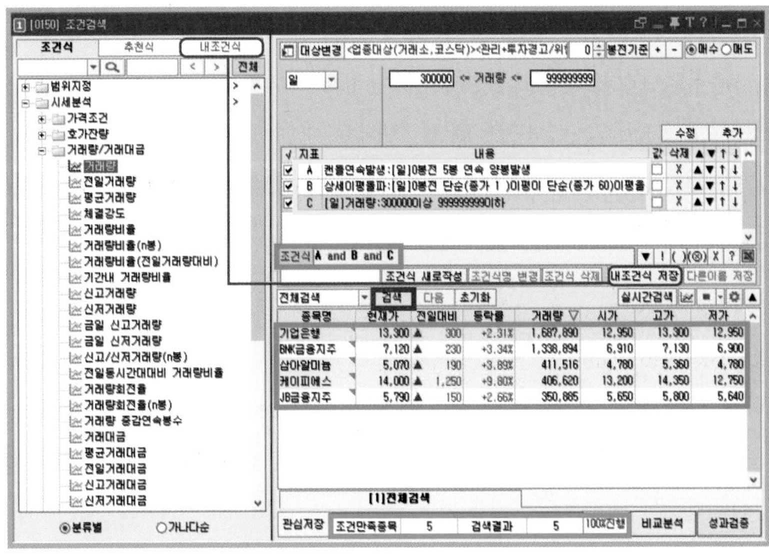

[검색] 버튼을 누르면, 해당 조합검색식에 부합하는 종목이 총 5개 추출된 것을 확인할 수 있다.

이 조합검색식도 2,200개 종목 중 9월 11일 기준 5개 종목밖에 나오지 않는 것을 볼 때 타이트한 조건식임을 알 수 있다. 경험상 조건이 타이트해 추출되는 종목 수가 적을수록 해당 종목의 상승 확률이 높다. 그러나 너무 타이트하게 검색기를 만들면 며칠 동안 추출되는 종목이 1개도 안 나올 수가 있으니 조건의 강도를 적절하게 조절하는 것이 중요하다.

이 조합검색식도 [내조건식 저장]을 클릭해 [캔들연속발생 + 상세이동평균돌파 + 거래량]이란 이름으로 [내조건식]에 저장해놓자. 역시 검색기 이름은 원하는 대로 정할 수 있다.

검색된 종목들 중 [삼아알미늄]과 [케이피에스]를 살펴보자.

[삼아알미늄]의 일봉 차트를 보면, 검색된 최근일까지 7연속 양봉 캔들이 출현하고 있고 최근 일봉 기준 5봉 중 첫 번째 양봉 캔들이 **60일 이동평균선을 돌파(보라색 동그라미)**했음을 알 수 있다.

이 종목은 5봉 연속 양봉 캔들의 주가 흐름과 거래량이 증가되는 것을 볼 때 당분간 우상향이 지속될 확률이 높다.

다음으로 [케이피에스]의 일봉 차트를 보면, 검색 당일 기준 6연속 양봉 캔들이 출현하고 있고, 최근 일 기준 5연속 양봉의 첫 번째 양봉이 60일 이동평균선을 돌파했음을 알 수 있다.

이 종목 또한 5연속 양봉 캔들로 인한 주가의 흐름과 최근 5봉

이내에서 2달(40봉) 내 최대거래량도 발생한 상태이기 때문에 추가 급등이 나올 확률이 매우 높다고 볼 수 있다.

이 종목은 앞에서 살펴본 **[삼아알미늄]**과 달리 장대양봉 캔들의 주가상승률이 상대적으로 크기 때문에 매수한 후에 주가가 추가 상승 시 달성할 수 있는 수익률은 더욱 클 것으로 예상된다.

05

조합검색식 ④ - [볼린저밴드 상한선돌파+외국인순매수 or 기관순매수]

이번에는 외국인 혹은 기관의 순매수가 들어오는 종목 중 [볼린저밴드] 상한선을 **돌파**하는 종목들을 추출해보자.

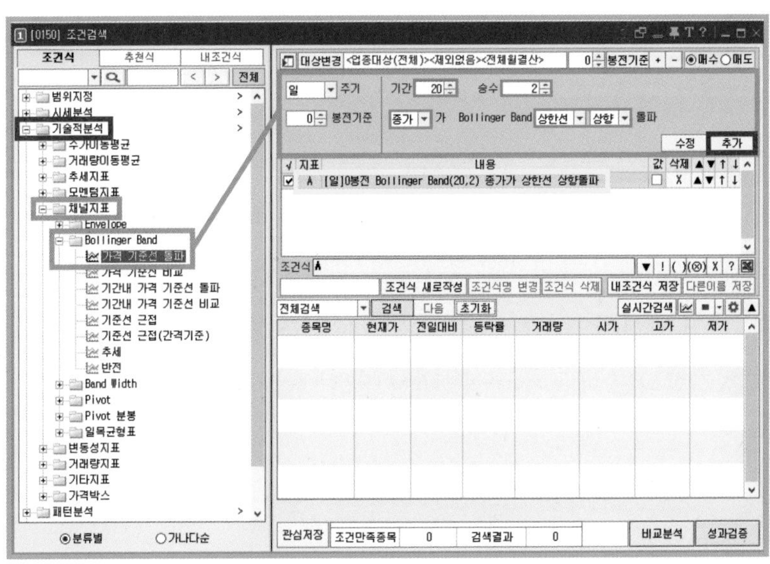

조건검색창에서 [기술적분석] - [채널지표] - [Bollinger Band] - [가격 기준선 돌파]를 선택하고 오른쪽 조건 입력창에 [일]주기, [0]봉전기준, 기간[20] 승수[2], [종가]가 Bollinger Band [상한선] [상향]돌파를 입력하고 [추가] 버튼을 누른다.

여기서 참고로 볼린저밴드 지표값 중 **기간[20]은 이동평균선을 의미하며, 승수[2]는 표준편차에 승수 2를 곱해서 볼밴 상단과 하단이 정해진다는 의미**다. 즉, 볼린저밴드 상단선은 표준편차에 2를 곱해서 도출하고 하단선은 표준편차에 -2를 곱해서 도출한다는 뜻으로 정규분포상 주가가 상하단선 사이에 위치할 확률이 95.4%이고 상단선 위로 벗어날 확률이 2.3%, 하단선 이하로 내려갈 확률 2.3%라는 뜻이다.

다시 말하면 주가가 볼린저밴드 상단선을 돌파할 확률이 매우 낮기 때문에 상단선을 돌파했다는 것은 매우 강한 매수세력이 이 종목에 들어왔다는 것을 알려주는 것이라 할 수 있다.

다음으로 외국인 혹은 기관의 순매수 조건식을 추가하기에 앞서 [대상변경]에서 불필요한 종목들을 제외시키는 작업을 하도록 하자. 다시 말하지만 새롭게 조건검색식을 작성할 때는 **[대상변경]이 초기화**되기 때문에 항상 **[대상변경]**을 신경 쓰는 것이 좋다.

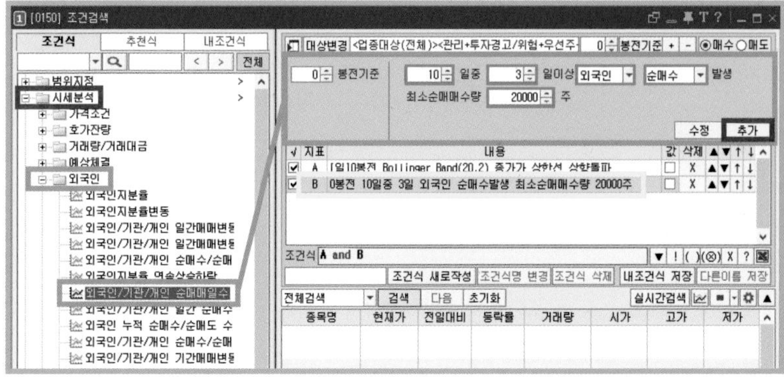

[시세분석] - [외국인] - [외국인/기관/개인 순매매일수]를 선택해 오른쪽 입력창에 [0]봉전기준, [10]일 중 [3]일 이상 [외국인] [순매수] 발생, 최소순매매수량 [2만 주]를 입력하고 [추가] 버튼을 눌러 〈**지표 내용**〉에 해당 조건식이 추가되는지를 확인한다.

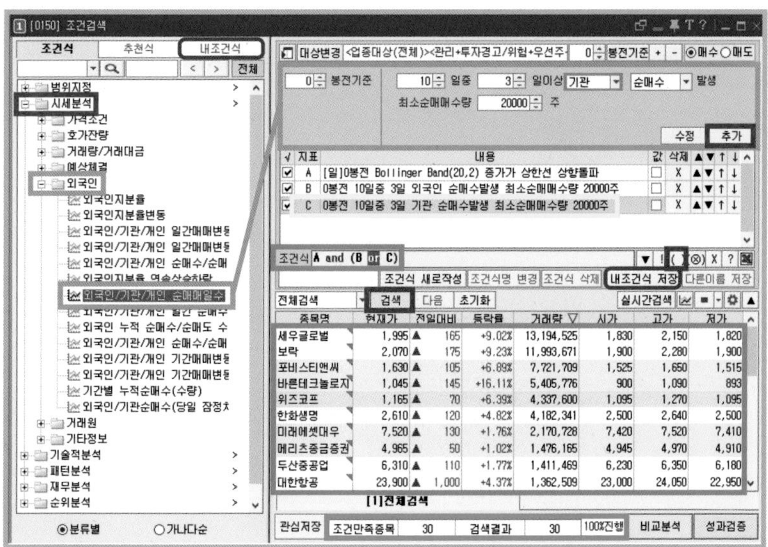

마찬가지로 같은 입력창에서 **[외국인]**을 **[기관]**으로 바꾸고 나머지 조건은 **[외국인] 조건식**과 같게 입력한 상태로 **[추가]** 버튼을 누른다.

3개의 조건식이 조건검색창 중간에 조건식 [A and B and C]라고 표시된 것을 확인한 후에 [B and C] **조건식**을 괄호로 묶고 [or] **조건**으로 변경한다. 다시 설명하면 [and] 부분을 더블클릭하면 [or] **조건**으로 바뀐다.

이 조합조건식의 의미는 **외국인 혹은 기관의 순매수가 최근 10일 중 3일 이상 최소 2만 주 이상 유입된 종목 중 볼린저밴드 상단을 돌파한 종목들만 추출하라는 뜻**이다.

조합조건식 작성이 완성됐으면 **[내조건식 저장]**을 눌러 저장해놓는다. 중요한 조건식을 저장해놓는 습관을 들이면 새로운 아이디어가 있을 때 기존 조합조건식에 추가해 시간을 절약할 수 있다.

총 30개 종목이 추출된 것을 확인할 수 있고 여기에서 **[위즈코프]**란 종목을 살펴보자.

1 [0101] 키움현재가 원화주문안내 N이슈

038620 신 40% 위즈코프 KOSDAQ 유통 신용D/증40

250일최고	1,595	-26.96%	18/09/04	액면가	500 원	시가총액	452 억	EPS	6
250일최저	820	+42.07%	18/10/30	자본금	194 억	대용가	740	PER	180.62
외국인보유	3.71%	1,440(천)		주식수	38,831 천	신용비율	3.27%	결산월	12월

1,165▲	70	+6.39%	4,337,600 2,062.3
증감	1,165	1,160	5,187백만 11.17%
1,632	1,210		1,095 시
18,624	1,205		1,270 고
5,651	1,200		1,095 저
11,993	1,195		1,095 기준
516	1,190		1,420 상
15,551	1,185		770 하
6,858	1,180		4 비용
7,809	1,175		1,165 예상
6,078	1,170		45,676 수량
14,779	1,165	▲70	+6.39%
	1,160	1,250	
	1,155	871	
	1,150	2,132	
	1,145	4,090	
	1,140	25,328	
	1,135	20,380	
	1,130	32,636	
	1,125	6,510	
	1,120	9,320	
	1,115	11,154	
89,491	16:00:00	113,671	
2,259	시간외		

수 도 투 외 차 뉴 권 기

거래원 | 투자자 | 뉴스 | 재무 | 종목별 | 프로

수량(천)	개인	외국인	기관계
19/09/11	-62	+64	
19/09/10	-35	+35	
19/09/09	-32	+30	
19/09/06	+151	-150	
19/09/05	+11	-12	
19/09/04	-18	+18	

체결 | 차트 | 일별 | 예상체결

시간	체결가	전일대비	체결량	체결강도
15:50:30	1,165	▲ 70	214	83.66
15:45:23	1,165	▲ 70	3	83.65
15:44:48	1,165	▲ 70	40	83.65
15:43:47	1,165	▲ 70	830	83.65
15:40:00	1,165	▲ 70	1,341	83.62
15:30:09	1,165	▲ 70	45,676	83.62
15:19:59	1,160	▲ 65	1	83.62
15:19:59	1,155	▲ 60	786	83.62
15:19:59	1,160	▲ 65	1	83.64
15:19:58	1,160	▲ 65	1	83.64
15:19:58	1,160	▲ 65	1	83.64

[위즈코프]의 현재가 창을 보면, 최근 주체별 동향에서 **[외국인]의 순매수**가 연속해서 들어오고 있음을 확인할 수 있다.

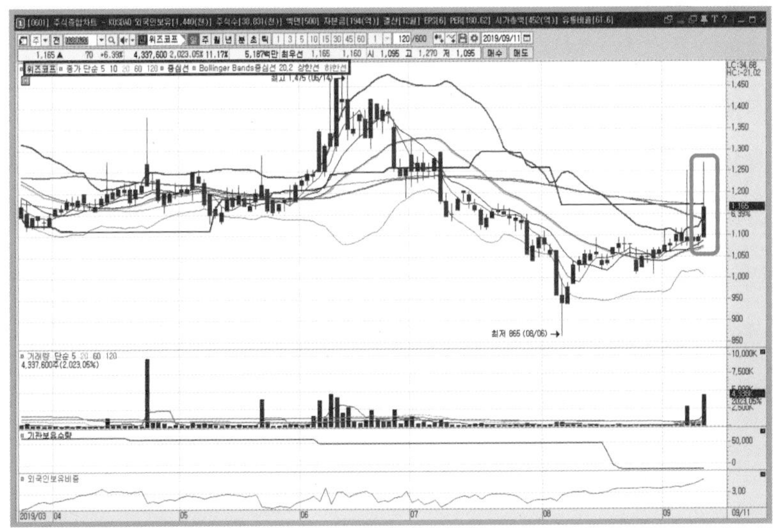

[위즈코프]의 일봉 차트를 보면, 검색된 당일 양봉 캔들이 2달 내 최대거래량을 동반하면서 **볼린저밴드의 상단선**(보라색선)**을 돌파**했고, 이와 동시에 저항선 역할을 했던 60일 이동평균선도 동시에 돌파하는 모습을 볼 수 있다.

이렇게 2.3%라는 매우 작은 확률인 볼린저밴드 상단을 강한 수급으로 돌파한 종목은 단기간 내에 추가 상승할 확률이 매우 높다고 할 수 있다. 더욱이 강한 상승을 이끈 주체가 외국인이며 60일 이동평균선도 돌파했기 때문에 추가 상승 가능성이 더욱 높아졌다고 판단할 수 있다.

06
조합검색식 ⑤ - [상세이평비교+골든크로스+신고거래량]

실전용 검색기를 만들기 위한 조합검색식 연습의 마지막으로 [상세이평비교 + 골든크로스 + 신고거래량] 조건식들의 조합을 알아보자.

[상세이평비교]는 주로 역배열된 주요 이동평균선들이 서로 이격이 축소되는 시점에 위치한 종목을 추출할 때 쓰는 검색식이다. 즉, **이동평균선들의 골든크로스**(단기 이동평균선이 장기 이동평균선을 아래에서 위로 상향 돌파) **직전이나 직후에 매수**해 시세의 추가 상승을 노리는 전략이라고 할 수 있다.

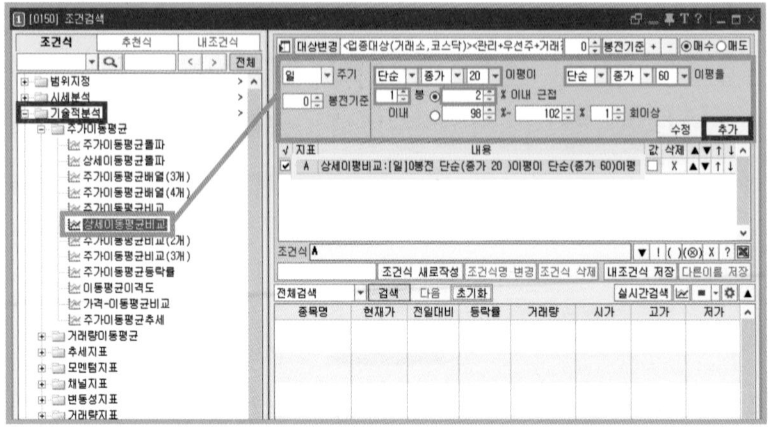

조건검색창에서 [기술적분석] - [주가이동평균] - [상세이동평균비교]를 선택해 오른쪽 입력창에 [일]주기, [0]봉전기준, [단순, 종가, 20]이평이 [단순, 종가, 60]이평을 [1]봉 이내 [2]% 이내 근접으로 입력하고 [추가] 버튼을 누르고 〈**지표 내용**〉에 해당 조건식이 나오는지 확인한다.

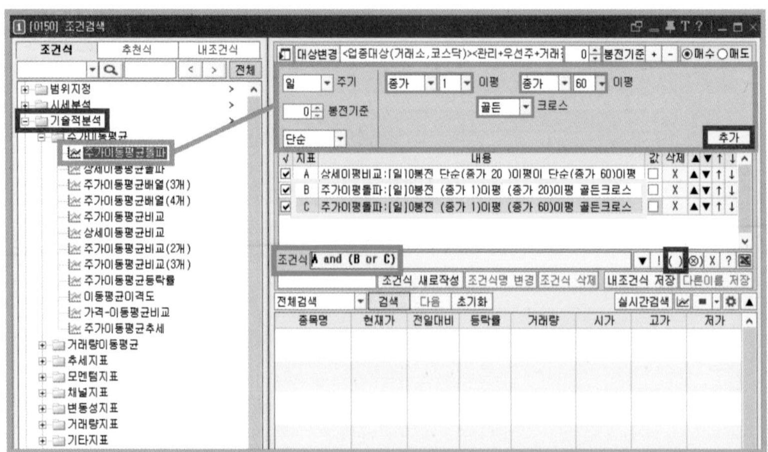

다음으로 [기술적분석] - [주가이동평균] - [주가이동평균 돌파]를 선택해 오른쪽 입력창에 [일]주기, [0]봉전기준, [단순], [종가 1]이평 [종가 20]이평 [골든]크로스로 입력하고 조건식을 추가한다. 또, 같은 입력창에 **[종가 20]**이평을 [종가 60]이평으로 바꾼 후에 조건식을 추가하고 조건검색창 중간에 조건식 [A and B and C]를 확인한다.

확인한 후에 [B and C]를 괄호로 묶고 [and] **부분**을 더블클릭해서 [or] 조건으로 변경한다.

최종적으로 앞 화면처럼 조건식 [A and (B or C)]가 나오는 것을 확인한다. [B or C] **조건식의 의미는 주가가 20일 이동평균선이나 60일 이동평균선 중 하나만 돌파하면 조건식에 부합한다는 의미다.**

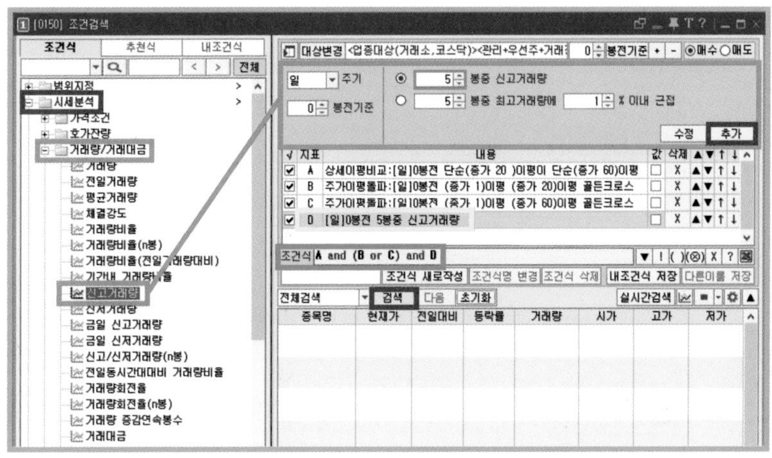

마지막으로 [시세분석] - [거래량/거래대금] - [신고거래량]을 선택해 오른쪽 입력창에 [일]주기, [0]봉전기준, [5]봉중 신고거래량을 입력하고 [추가] 버튼을 눌러 최종적으로 조건식 [A and (B or C) and D](녹색박스)가 나오는지 확인한다.

검색 당일 기준 이전 5봉 중 신고거래량이 나오게 조건식을 추가한 것은 최근 강한 매수 세력이 입성한 종목을 추출하기 위함이다.

조합조건식 확인이 끝났으면 [검색]을 클릭해 해당 조건에 부합하는 종목들을 확인해보자.

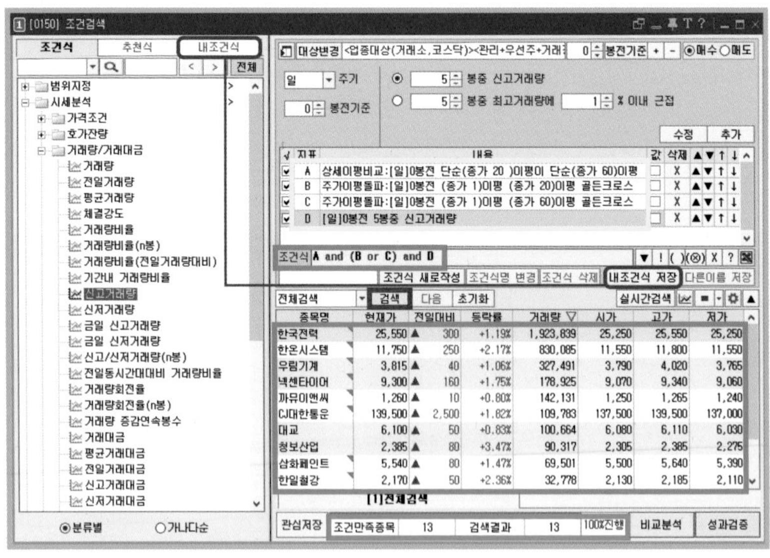

[검색]을 누르면 조건에 부합하는 종목이 총 13개 추출된 것을

확인할 수 있다. 마찬가지로 [내조건식 저장] 버튼을 누른 후 [상세이평비교 + 골든크로스 + 신고거래량]이라고 저장해놓는다.

추출된 종목들 중 [한온시스템]과 [우림기계]를 살펴보자.

[한온시스템]의 일봉 차트를 보면, 20일 이동평균선과 60일 이동평균선이 벌어졌다가 다시 조금씩 축소되고 있는 것을 볼 수 있고, 거래량의 절대치는 크지 않지만 최근 5봉 중 신고거래량이 발생한 것을 확인할 수 있다.

여기에 이 종목은 최근 60일 이동평균선을 재돌파했기 때문에 단기적인 시세는 우상향이 될 확률이 높다.

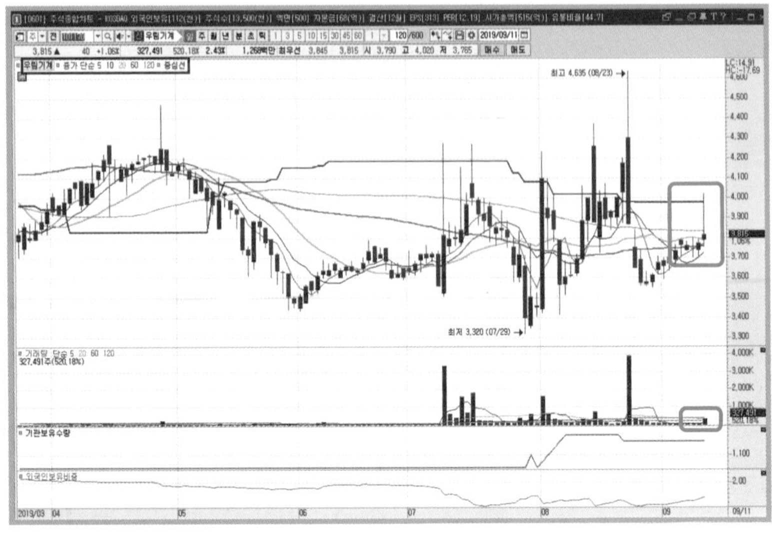

다음으로 [우림기계]의 일봉 차트를 보면, 역시 20일 이동평균선과 60일 이동평균선의 이격이 매우 작고, 거래량 또한 5일 중 신고거래량임을 알 수 있다. 이 종목은 역사적으로 끼가 많고 변동성이 심한 종목인데, 최근 2달 동안의 흐름에서 보면 다시금 변동성이 커지고 있기 때문에 분할매수 후 주가가 급등하면 추세상승을 노리기보다는 단기적으로 차익을 실현하는 전략이 좋다.

07
성과검증

[성과검증]은 검색기를 만든 후에 해당 검색기가 얼마나 신뢰도가 높은지 백테스팅(**역사적 수익률 검증**)을 **하는 작업**이다.

본격적인 **[성과검증]**은 **〈4장. 실전에서 수익 내기 ① 스윙 검색기 및 성과검증〉**에서 하도록 하고 여기서는 **[성과검증] 창**을 어떻게 사용하는지에 대해 알아보자.

키움증권 영웅문 HTS 왼쪽 상단 화면검색에서 **[화면번호 1516]**을 입력하거나 돋보기 모양을 클릭해 **[성과검증]**이라고 쓰면 검색 결과에 [1516 성과검증(조건식)]이 나온다. 이를 더블클릭하면 위 화면처럼 **[성과검증] 창**이 생성된다.

여기서 **[성과 검증 시작하기]** 아래에 풀다운메뉴 화살표(**주황색 박스**)를 클릭하면 지금까지 저장해놓은 검색기들이 나오고 이들 중 성과검증을 하고 싶은 검색기명을 선택한다.

그 아래 **[검색시점]**과 **[수익률기간]**은 과거 특정시점에 검색된 종목이 원하는 기간 동안 수익률이 얼마나 나오는지 설정하는 탭이다.

빨간색박스로 표시되어 있는 **[분단위 검증]**은 특정 날짜 장 중에 검색된 종목이 그날 당일에 어떤 수익률을 보였는지 확인하는 데 사용된다. 보통 데이트레이딩을 위한 검색기를 성과검증할 때 체크하고 사용한다.

설정이 끝나면 [성과 검증하기] 버튼을 클릭해 성과검증을 하면 된다.

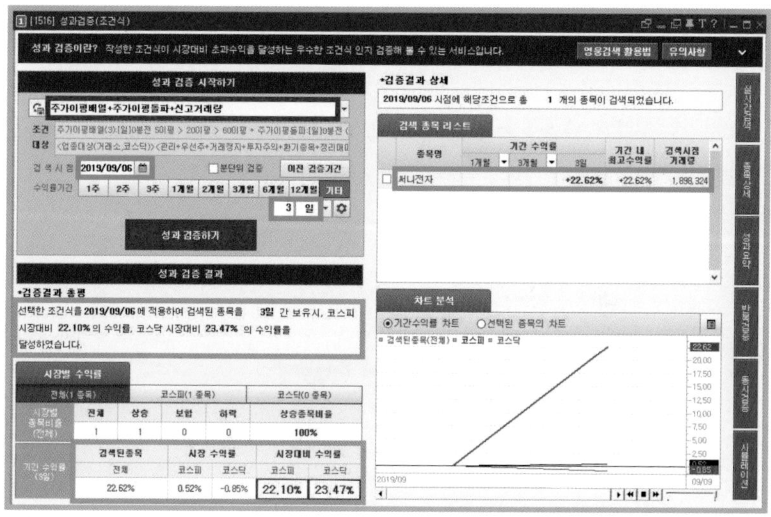

앞에서 우리가 작성해 저장한 조합검색식 중 〈3장. 03. 조합검색식 ② [주가이평배열 + 주가이평돌파 + 신고거래량]〉를 선택해 성과검증을 해보자.

풀다운 메뉴 버튼을 눌러 해당 검색식 명을 선택한 후 2019년 9월 6일 날짜에 [성과 검증하기] 버튼을 클릭하면 [써니전자]라는 종목이 추출된 것을 확인할 수 있다.

추출된 [써니전자]는 검색 당일을 포함해 단 3일 만에 +22.62%의 급등을 보여주었고 그 옆에 검색시점 거래량이 1,898,324주라고 표시된 것을 볼 수 있다.

차트를 보면서 주가가 어떤 위치에서 검색이 됐는지 확인해보자.

[써니전자]의 일봉 차트를 보면, 해당 검색기로 검색된 2019년 9월 6일 종가(녹색박스)가 3,250원인데 단 2거래일 만에 +22.62%

의 상승률을 보여주고 있다. 물론 9월 6일 종가인 3,250원에 매수해 단기 최고점인 4,330원에 매도하는 것은 현실적으로 어렵겠지만 "**상승률 마디가**"를 이용해 분할 매도 전략을 취한다면 적지 않은 수익률을 단기간에 올릴 수 있다.

이렇게 검색기를 활용하면 2,200개의 종목 중 상승 확률이 높은 종목을 빠르게 검색해서 매수할 수 있기 때문에 투자에 매우 유용함을 알 수 있다.

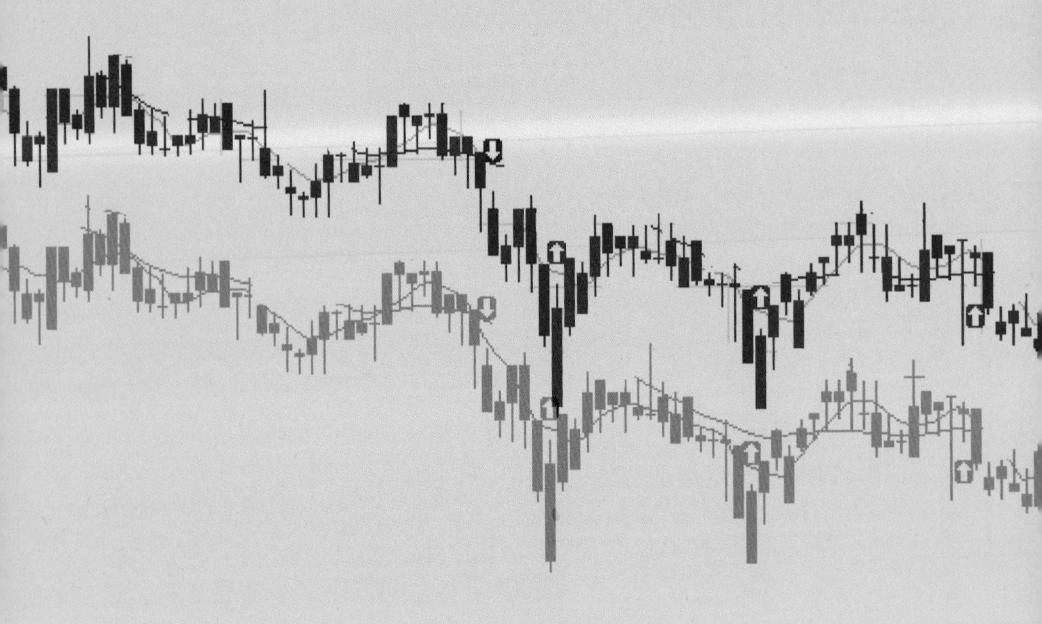

04

실전에서 수익 내기 ①

스윙 검색기 및 성과검증

이 장에서는 내가 실전에서 유용하게 활용하고 있는 실전검색기 중 몇 개를 공개하고자 한다. 혹자는 검색기를 대중에게 공개하면 그 검색기가 무력화되지 않겠냐고 우려 섞인 말을 많이 하지만 내 생각은 다르다.

'프롤로그'에서도 밝혔듯이 아무리 상승 확률이 높은 종목이 검색되는 검색기일지라도 검색기를 검색기 자체로 받아들이지 않고 검색기가 무슨 "마법의 지니 램프"라도 되는 것처럼 100% 맹신하는 태도가 잘못된 것이다. 즉, 어떤 경우에도 100%는 없다.

다만, 상승 확률이 높은 종목을 2,200개 중에서 발굴하는 것보다 유용한 실전검색기에서 추출되는 종목 중 선별하는 것이 수익

낼 확률이 훨씬 크다는 측면에서 실전검색기는 꼭 필요한 도구라고 할 수 있다.

그리고 당부하고 싶은 말은 여기서 공개하는 실전검색기가 최고라는 것은 결코 아니니다. 이 책의 집필 목적은 지금까지 배운 기초지식과 여기서 공개하는 실전검색기의 조건식을 바탕으로 여러분들 스스로 최상의 검색식을 만들 수 있게 도움을 주고자 한다는 점을 알아두었으면 한다.

자, 그럼 실전검색기를 살펴보고 성과검증도 해보도록 하자.

01
맥점+슈팅검색기

[맥점+슈팅검색기]는 3장에 연습해본 **[주가이평배열 + 주가이평돌파 + 신고거래량]** 조합검색식을 좀 더 세밀하게 다듬은 검색기라고 할 수 있다. 다만 이 검색기는 조건식이 매우 타이트하기 때문에 종목이 추출되지 않는 날도 많다. 하지만 일단 1종목이라도 추출되는 날은 그 추출된 종목이 엄청난 급등을 하는 경우가 많으니 알아두면 매우 도움이 될 것이다.

실전검색기를 알아보기에 앞서 항상 새로운 검색기를 만들 때에는 [대상변경]에서 불필요한 종목들은 제외하는 것을 잊지 말도록 한다. **[대상변경]**에서 제외해야 할 대상은 3장에서 설명해놓았으니 잊었다면 다시 복습하도록 하자.

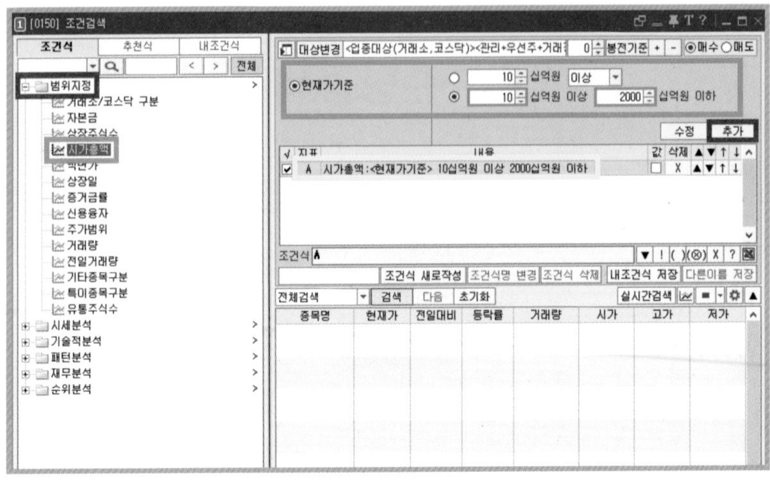

일단 [범위지정] - [시가총액]을 [10]십억 원 이상 [2,000]십억 원 이하(시가총액 100억 원 이상 2조 원 이하)로 설정하고 조건식을 추가한다.

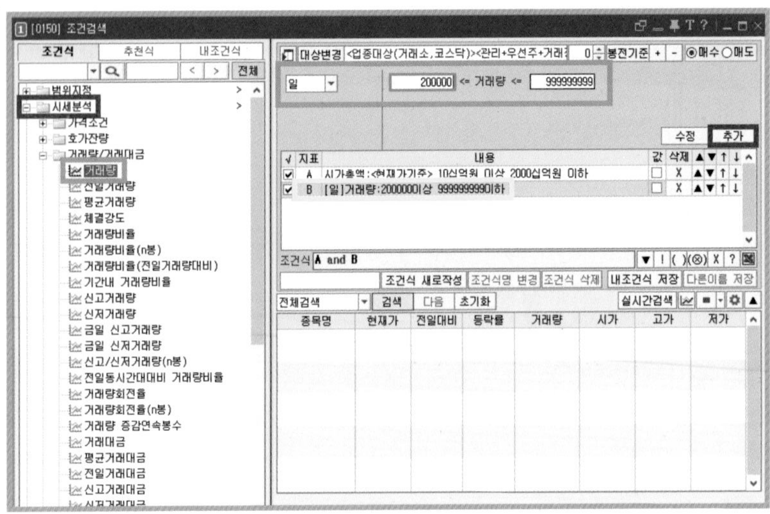

[시세분석] - [거래량/거래대금] - [거래량]에서 일봉상 거래량 조건은 [20만 주] 이상으로 설정하고 조건식을 추가한다.

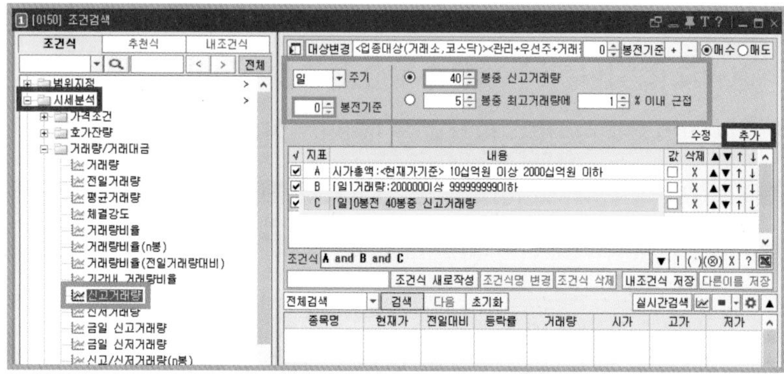

[시세분석] - [거래량/거래대금] - [신고거래량]에서 [일]주기, [0]봉전기준, [40]봉 중 신고거래량을 입력하고 조건식을 추가한다.

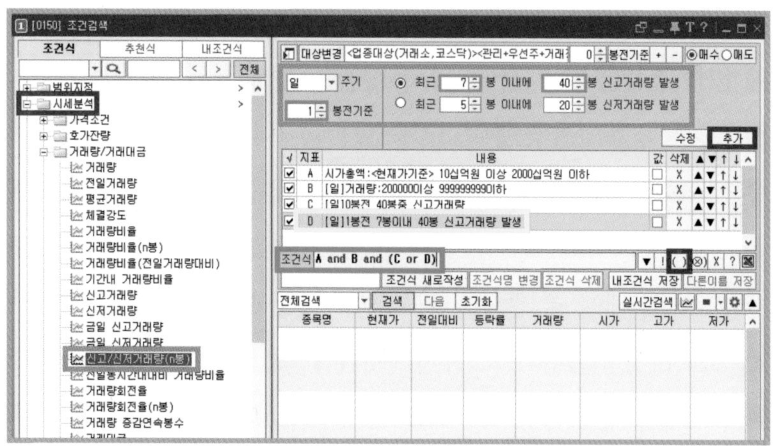

[시세분석] - [거래량/거래대금] - [신고/신저/거래량(n봉)]에서 [일]주기, [1]봉전기준, [7]봉 이내에 [40]봉 중 신고거래량 발생을 입력하고 조건식을 추가한다.

여기서 [C and D] 조건식은 괄호로 묶고 [and] 조건을 [or] 조건으로 바꾼다. 즉, **[0]봉전 40봉 중 신고거래량이 발생하거나 혹은 [1]봉전 [7]봉이내 [40]봉 중 신고거래량이 발생하는 조건식 중 하나 이상만 충족하면 된다**는 뜻이다.

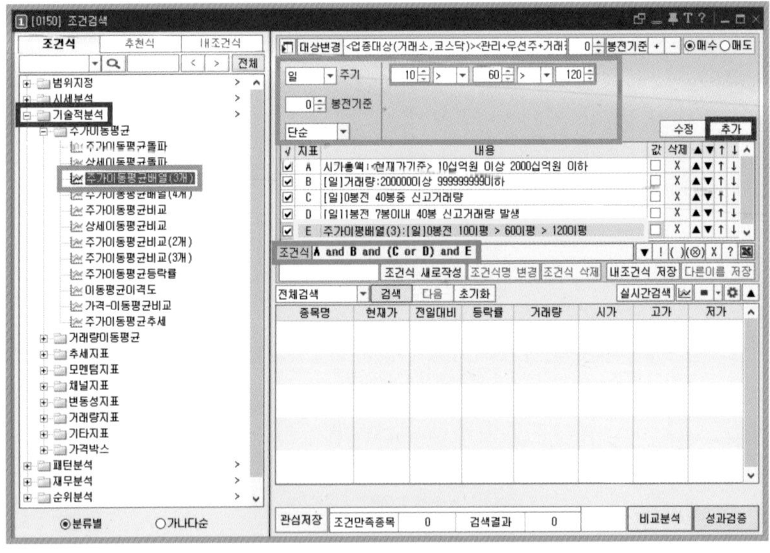

[기술적분석] - [주가이동평균] - [주가이동평균배열(3개)]를 선택하고 [일]주기, [0]봉전기준, [단순], [10 > 60 > 120]로 **정배열조건을 입력**하고 조건식을 추가한다.

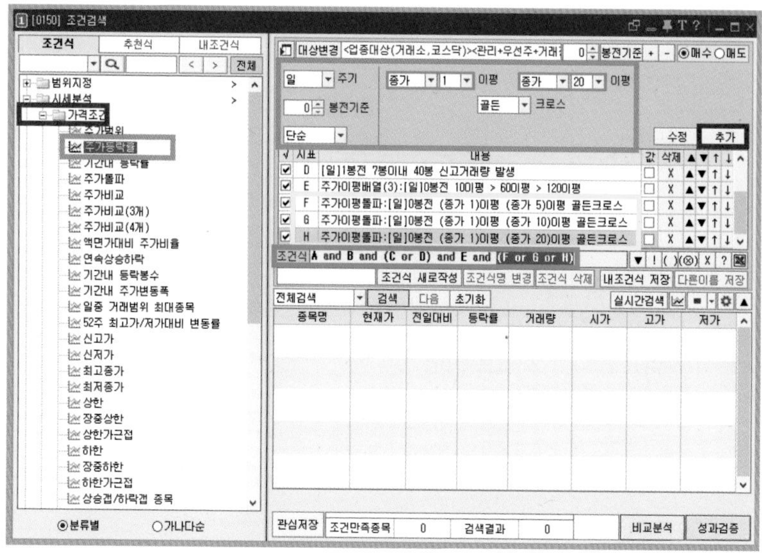

[기술적분석] - [주가이동평균] - [주가이동평균돌파]를 선택하고 [일]주기, [0]봉전기준, [단순], [종가 1]이평 [종가 5]이평 [골든]크로스를 입력하고 [추가] 버튼을 눌러 조건식을 추가한다. 다시 같은 입력창에 **[종가 5]**이평을 [종가 10]이평으로 [수정]한 후 [추가], 또 **[종가 10]**이평을 [종가 20]이평으로 [수정]한 후 조건식을 [추가]한다.

추가된 이동평균선 돌파 조건식 3개를 모두 [or]조건으로 변경한다. 이 뜻은 **검색 당일 주가가 5일, 10일, 20일 이동평균선 중 1개 이상은 돌파해야 한다**는 것을 의미한다.

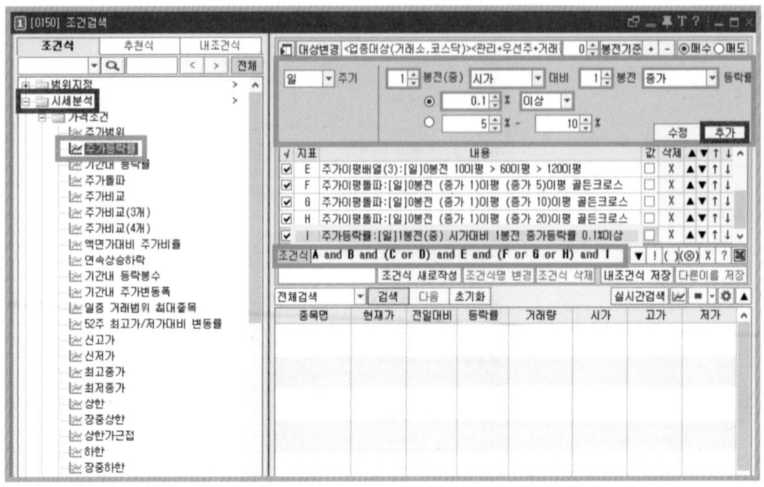

[시세분석] - [가격조건] - [주가등락률]을 선택해 [일]주기, [1]봉전 [시가] 대비 [1]봉전 [종가]등락률이 [0.1]% [이상] 입력하고 조건식을 추가한다. 이것은 전일 캔들이 양봉(종가가 시가보다 높음)이어야 한다는 조건이다.

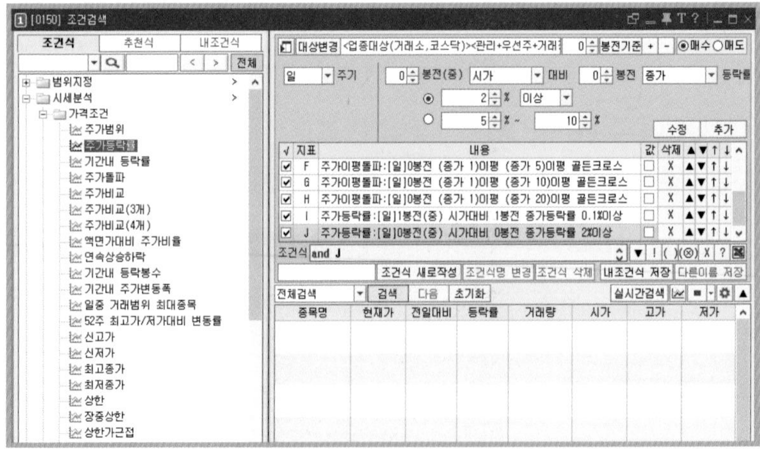

다시 [주가등락률] 조건식 입력창에 [0]봉전 [시가] 대비 [0]봉전 [종가]등락률이 [2]% [이상]으로 입력하고 조건식을 추가한다. 이는 당일 역시 **양봉 캔들**이어야 하며 **최소 시가대비 2%는 상승하고 마감해야 한다**는 조건이다.

조건검색창 중간에 **조건식** [and J]라고 된 것은 조건식이 길어져서 다음 줄만 표시된 것이다. 조건식 창 오른쪽 끝에 위아래 표시를 클릭하면 윗줄을 볼 수 있다.

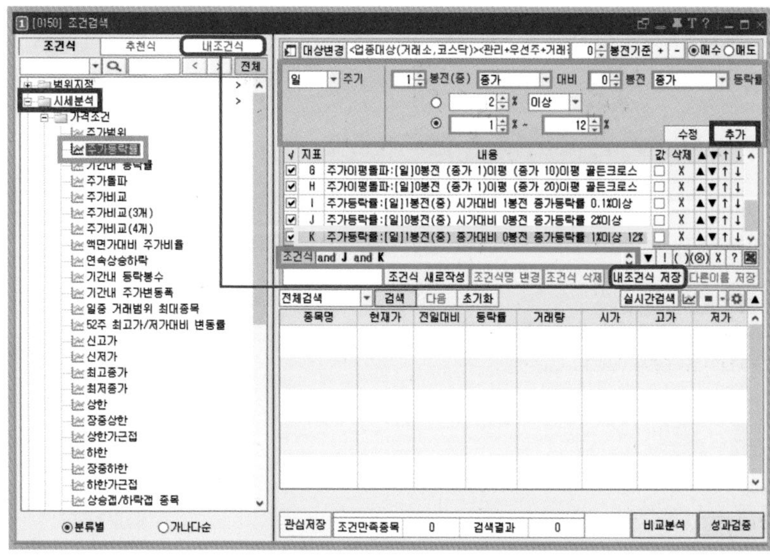

마지막으로 다시 [주가등락률] 조건식 입력창에 [1]봉전 [종가] 대비 [0]봉전 [종가] 등락률이 [1]% ~ [12]% 라고 입력하고 조건식을 추가한다.

이는 **전일 종가대비 당일 주가 상승률이 최소한 1% 이상이어야 하며 12%는 넘지 않아야 한다는 조건으로 우상향의 연속 양봉을 나타내는 조건식**이다.

자, 여기까지 A~K(총11줄) 조건식이 모두 추가됐으면 [내조건식 저장]을 클릭해 [맥점+슈팅검색기]로 검색기 이름을 입력하고 저장을 한다.

이제 [맥점+슈팅검색기]에 대한 [성과검증]을 해보도록 하자.

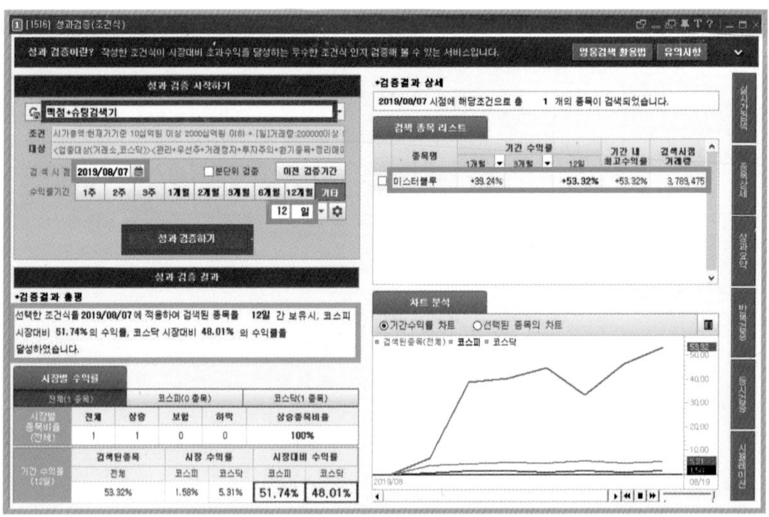

[성과검증] 창에서 [맥점+슈팅검색기]를 선택한 후 2019년 8월 7일에 [미스터블루]라는 종목이 검색기에 포착됐고 이후 거래

일수로 검색 당일 포함 12일이라는 기간 동안 최고 +53.22%라는 매우 높은 수익률을 보여주고 있다. 그런데 12일 동안의 수익률도 대박수준이지만 세부적으로 보면 검색된 날 이틀 만에 30%가 넘는 수익률을 기록했다.

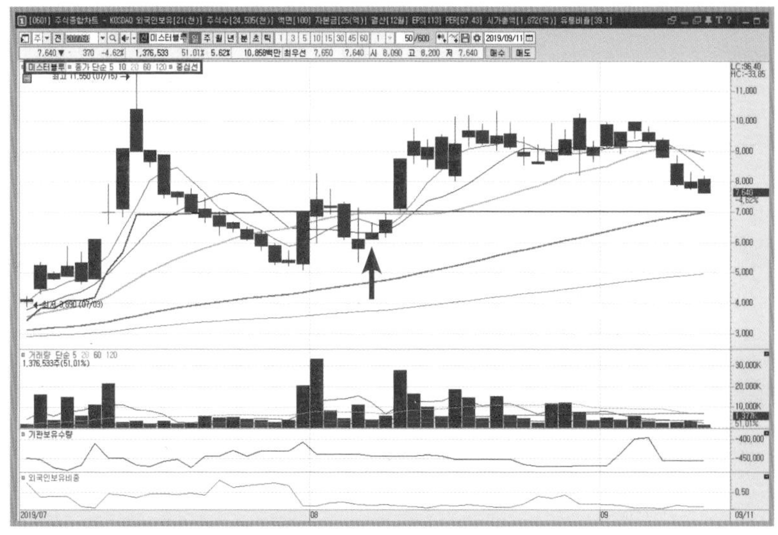

[미스터블루]의 일봉 차트를 보면, 빨간색 화살표 지점이 2019년 8월 7일로 이날 검색기에 포착됐고 다음 날 장 중 +9.9% 상승 후 종가 +6.8% 상승 마감한 후 그다음 날 바로 +29.93% 상승하며 상한가로 마감한 것을 볼 수 있다.

다시 말하지만 이 실전검색기는 조건식이 타이트하기 때문에 검색기에 종목이 추출되지 않는 날도 많지만 한번 추출되면 이렇게 대단한 수익률을 보여주기 때문에 매일 종가부근에 한 번씩만 클릭해서 확인한다면 의외의 대박 종목을 포착할 수 있다.

또한 여기서 공개한 세부 조건식들의 의미를 곱씹어 보면서 새로운 아이디어를 추가한다면 여러분들 스스로 더 나은 검색기를 만들 수 있다고 생각한다.

02

수렴돌파검색기

이 실전검색기는 이동평균선들이 최대한 수렴(밀집)된 상태에서 주가가 머리를 들 때를 포착해 추세와 급등을 동시에 노리는 검색기다. 이 검색기에 포착된 종목들은 초기에는 상승 힘이 약한 듯하지만 시간이 갈수록 파괴력이 강해지는 경향이 있다.

바로 검색기 세부 조건식을 알아보자.

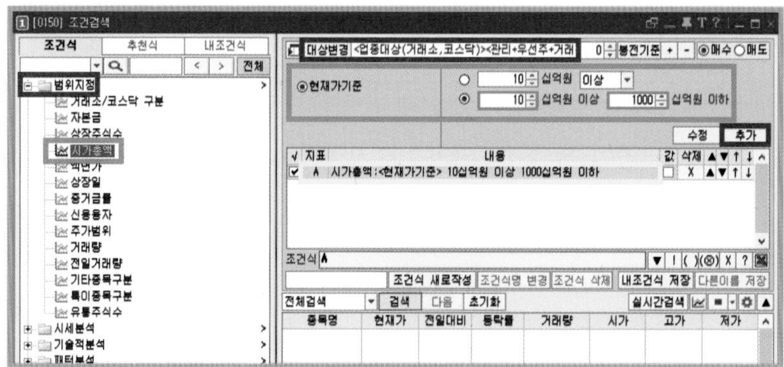

조건식을 작성하기에 앞서 항상 [대상변경]이 제대로 변경됐는지 확인한다.

[범위지정] - [시가총액]을 선택해 [10]십억 원 이상 [1,000]십억 원 이하(시가총액 100억 원 이상 2조 원 이하)로 설정하고 조건식을 추가한다.

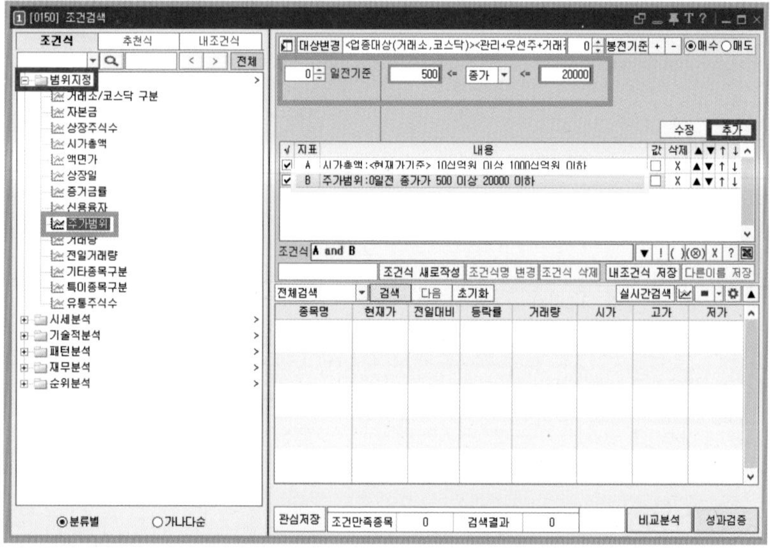

이번에는 [범위지정] - [주가범위]를 선택해 주가의 범위를 [500]원 <= **종가** <= [20,000]으로 입력하고 조건식을 추가한다.

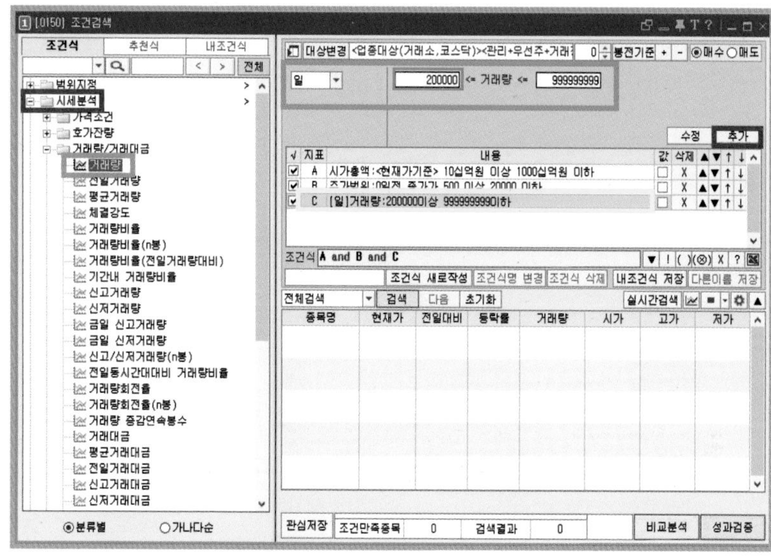

[시세분석] - [거래량/거래대금] - [거래량]을 선택해 [일] 기준, [20만 주] 이상으로 거래량을 입력하고 조건식을 추가한다.

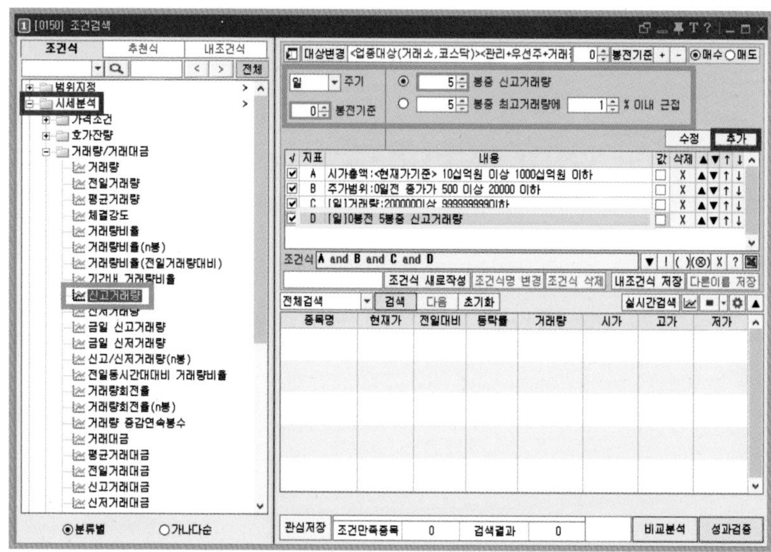

[시세분석] - [거래량/거래대금] - [신고거래량]을 선택해 [일]주기, [0]봉전기준, [5]봉 중 신고거래량을 입력하고 조건식을 추가한다.

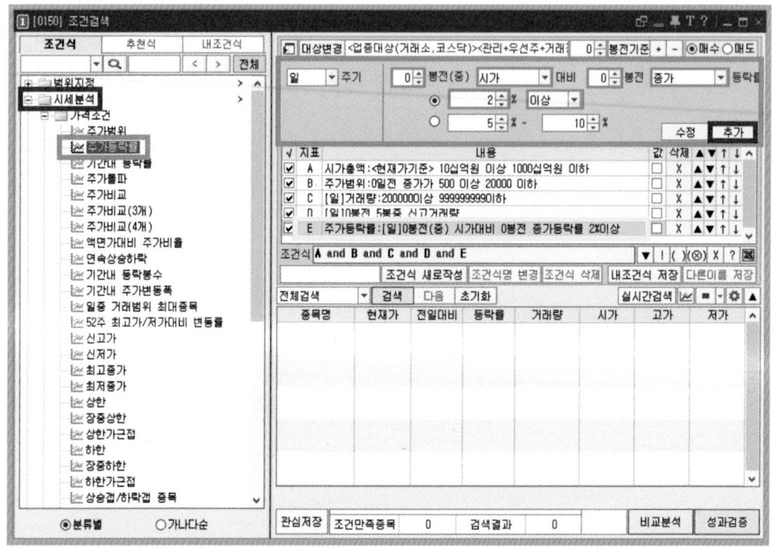

[시세분석] - [가격조건] - [주가등락률]을 선택해 [일]주기, [0]봉전 [시가] 대비 [0]봉전 [종가] 등락률이 [2]% [이상]으로 입력하고 조건식을 추가한다. 이는 검색 시점의 주가가 **최소 2% 이상 상승하는 양봉 캔들인 종목을 검색**하는 조건식이다.

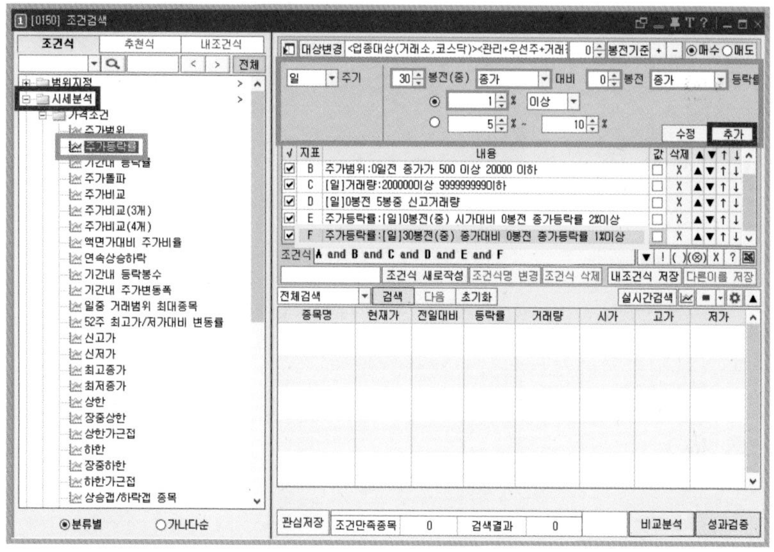

다시 [주가등락률]에서 [일]주기, [30]봉전 [종가] 대비 [0]봉전 [종가] 등락률이 [1]% 이상을 입력하고 조건식을 추가한다. 이것은 완벽하지는 않지만 **파동상 상승 추세를 보여주는 종목**을 추출하는 조건식이다.

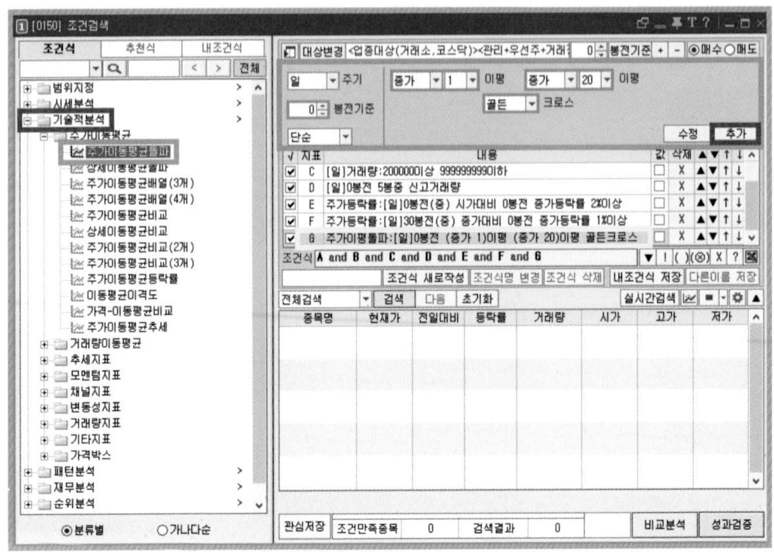

[기술적분석] - [주가이동평균] - [주가이동평균돌파]를 선택해 [일]주기, [0]봉전기준, [단순], [종가 1]이평이 [종가 20]이평을 [골든]크로스로 입력하고 조건식을 추가한다. **검색 당일 종가가 20일 이동평균선을 돌파**하는 조건식이다.

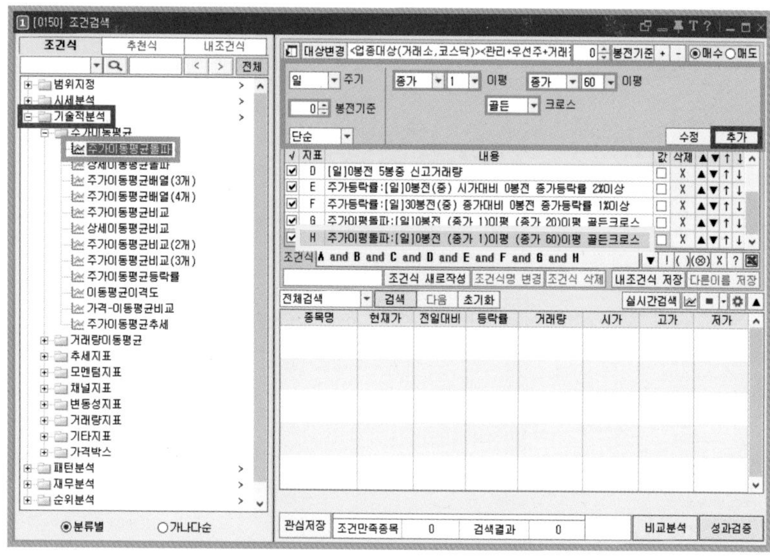

다시 [주가이동평균돌파] 조건식 입력창에 [일]주기, [0]봉전 기준, [단순], [종가 1]이평 [종가 60]이평 [골든]크로스를 입력하고 조건식을 추가한다. 이 검색기에서는 20일 돌파와 60일 돌파 검색식을 **[and] 조건**으로 그대로 둔다. 즉, **검색 당일 종가가 20일 이동평균선 돌파와 동시에 60일 이동평균선을 돌파**하는 조건식이다.

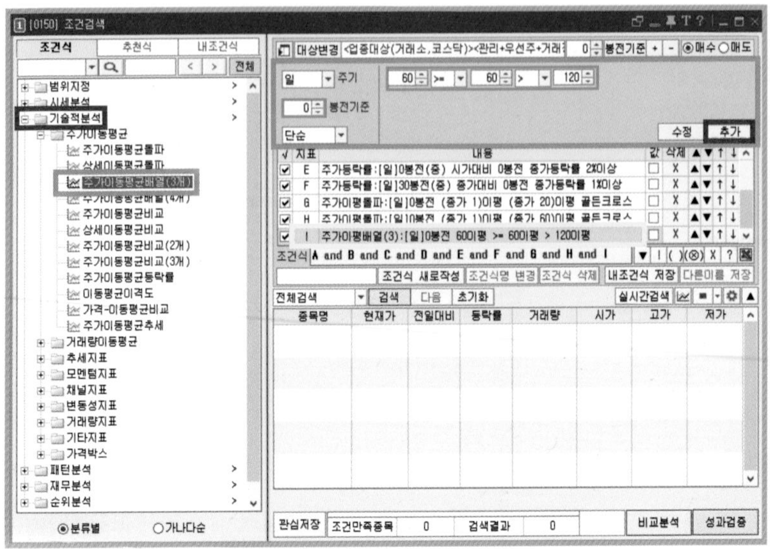

[기술적분석] - [주가이동평균] - [주가이동평균배열(3개)]를 선택해 [일]주기, [0]봉전기준, [단순], [60 >= 60 > 120]로 입력하고 조건식을 추가한다. 이는 **장기이동평균선인 60일 이동평균선과 120일 이동평균선 정도만 정배열 조건을 만족하라는 조건식**이다.

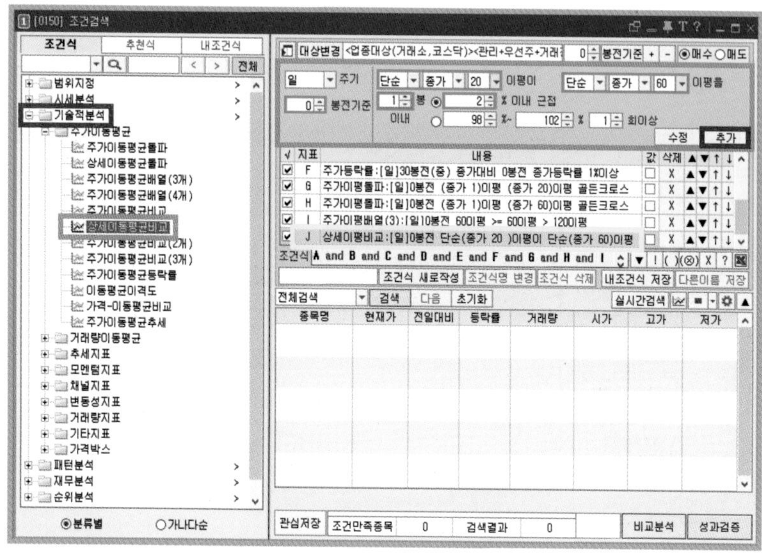

마지막으로 [기술적분석] - [상세이동평균비교]를 선택해 [일] 주기, [0]봉전기준, [단순 종가 20] 이평이 [단순 종가 60] 이평을 [1]봉 이내 [2]% 이내 근접을 입력하고 조건을 추가한다.

이는 3장 조합검색식 연습에서 설명했듯이 20일 이동평균선이 60일 이동평균선을 위 혹은 아래로 2% 이내 근접한 종목을 추출하라는 조건식으로 **이동평균선 수렴조건**을 나타낸다.

여기까지 조건식 A~J(총10줄)가 모두 **[and] 조건**으로 묶인 걸 확인했으면 다음과 같이 [내조건식 저장] 버튼을 클릭해 **[사용자 정의 조건저장]** 창의 **[저장할 조건명]**에 [수렴돌파검색기]라고 입력한 후 [확인]을 눌러 [내조건식]에 저장을 한다.

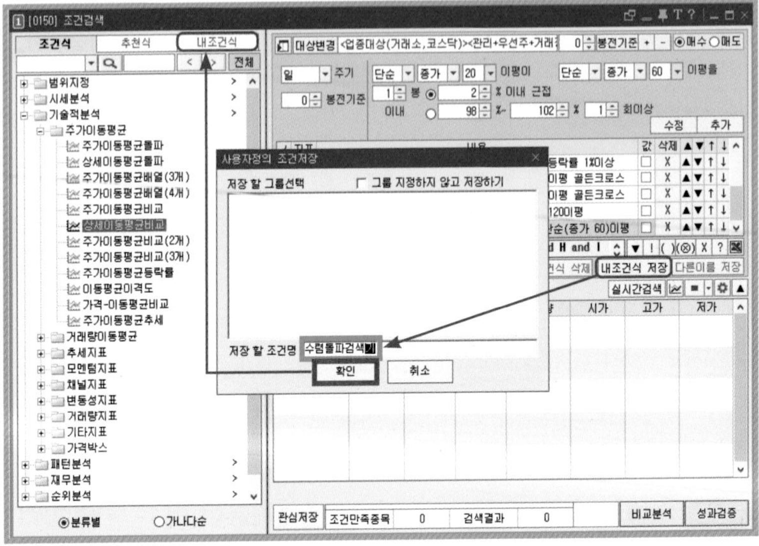

저장까지 완료했다면, 이제 이 [수렴돌파검색기]에 대한 [성과검증]을 해보도록 하자.

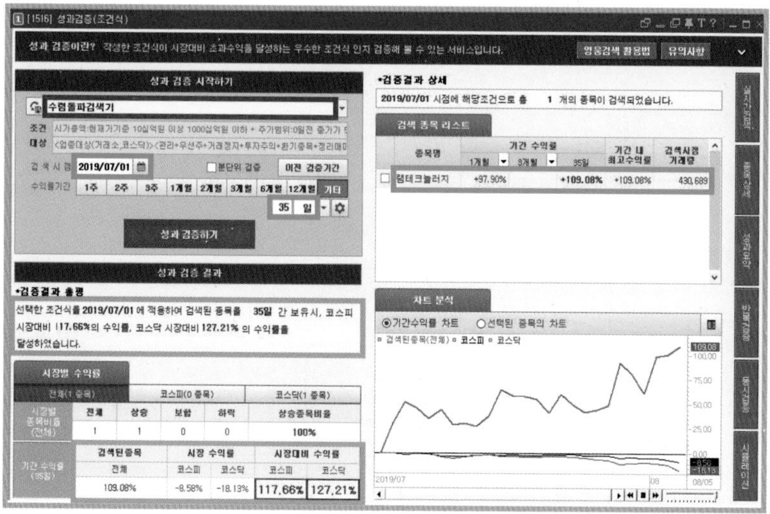

이 [수렴돌파검색기]도 조건식이 10줄로 구성되어 있어 매우 타이트한 검색기 중 하나이기 때문에 추출종목이 없는 날이 많다. 하지만 이 [수렴돌파검색기]도 **[맥점+슈팅검색기]**와 마찬가지로 한번 추출되면 매우 큰 시세 상승을 보여주는 경우가 많다.

[수렴돌파검색기]로 2019년 7월 1일 추출된 [램테크놀러지]라는 종목은 검색된 날을 포함해 35일 만에 +109.08%라는 엄청난 상승세를 나타냈다.

[성과검증] 분석 내용을 보면, 이 기간 동안 코스피와 코스닥 시장은 각각 -8.58%, -18.13% 하락했기 때문에 코스피 시장 대비로는 +117.66%, 코스닥 시장 대비로는 +127.21% 상승을 보여주었다고 할 수 있다.

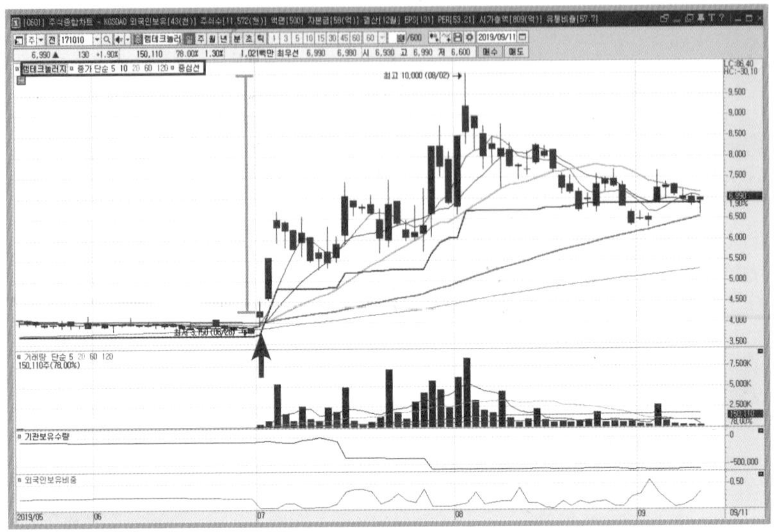

[램테크놀러지]의 일봉 차트를 보면, 검색된 2019년 7월 1일 종가가 4,295원인데 불과 35일 만에 1만 원까지 상승한 것을 볼 수 있다. 또한 추출된 다음 날 바로 상한가를 기록했고, 그다음 날도 +20%에 가까운 상승을 보여주었기에 단 2거래일만 보유해도 큰 수익을 안겨준 종목이라고 할 수 있다.

03
5연속 양봉 캔들 검색기

5연속 양봉 캔들을 이용한 이 실전검색기는 3장에서 연습한 조합검색식인 **[캔들연속발생 + 상세이동평균돌파 + 거래량]** 조건식을 실전에 맞게 변형한 것이다.

바로 실전검색기를 만들어보자.

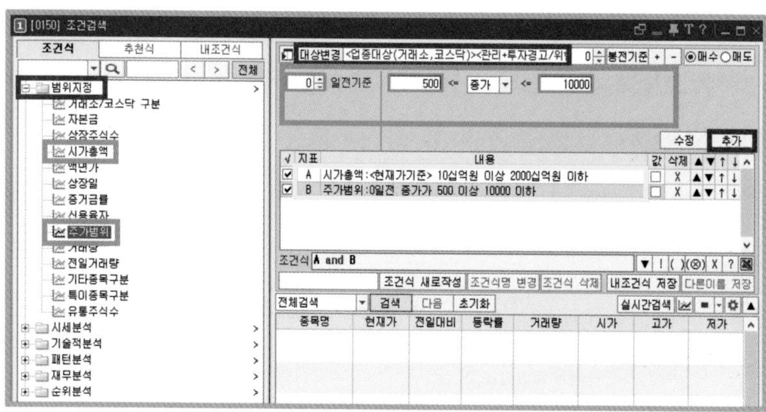

조건식 작성에 앞서 마찬가지로 [대상변경]에서 불필요한 종목들이 제대로 체크되어 있는지 확인하고 안 되어 있으면 제외시킨 후에 조건식을 작성한다.

[범위지정] - [시가총액]에서 **[현재가기준]** 100억 원 이상 2조 원 이하로 설정하고 조건식을 추가한다. 또 [범위지정] - [주가범위]를 선택해 [0]일 전 기준, 주가가 500원 이상 1만 원 이하로 입력하고 조건식을 추가한다. **[시가총액]** 설정 부분은 계속해봤기 때문에 여기서는 생략한다.

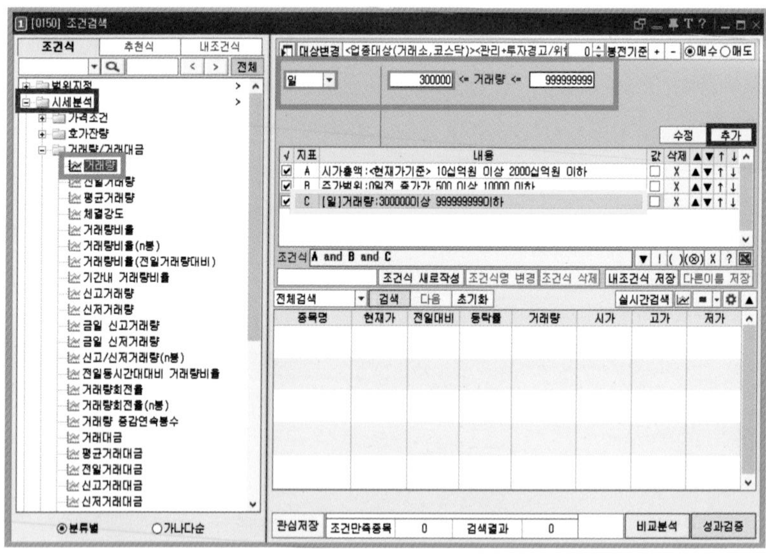

[시세분석] - [거래량/거래대금] - [거래량]을 선택해 [일]기준, [30만 주] 이상으로 설정하고 조건식을 추가한다.

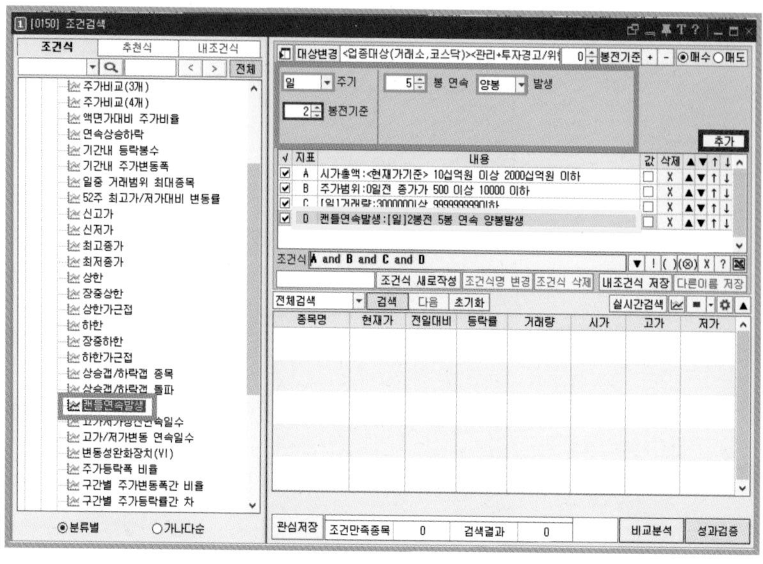

[시세분석] - [가격조건] - [캔들연속발생]을 선택해 조건 입력창에 [일]주기, [2]봉전기준, [5]봉 연속 [양봉] 발생을 입력하고 조건식을 추가한다. [2]봉 기준이 3장에서 연습한 조합검색식과 달라진 부분이니 이를 꼭 확인한다. 즉, **5연속 양봉 캔들이 발생하되 검색 당일 기준** 2일 전**에** 5연속 양봉 캔들 조합**이 완성된 종목을 추출하는 조건식**이다.

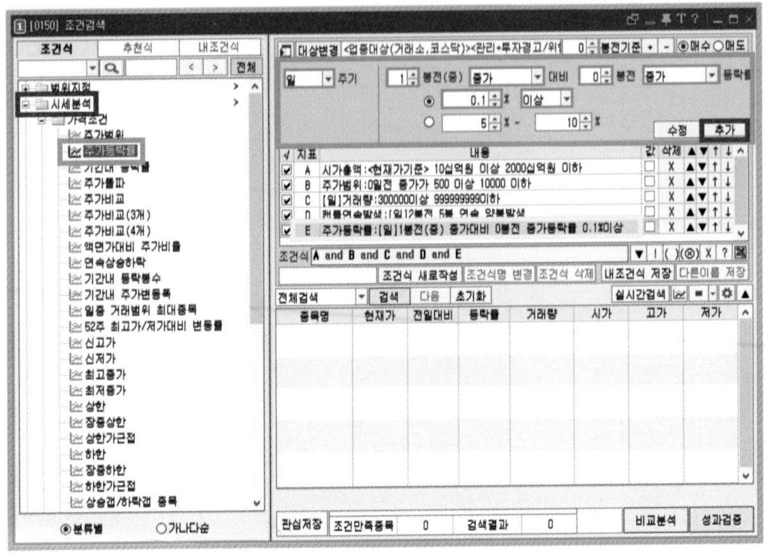

[시세분석] - [가격조건] - [주가등락률]을 선택해 [일]주기, [1]봉전 [종가] 대비 [0]봉전 [종가] 등락률 [0.1]% [이상]으로 입력하고 조건식을 추가한다. 이는 **전일 종가대비 당일 종가가 조금이라도 상승하기만 하면 된다는 걸 조건식으로 표현한 것이다.**

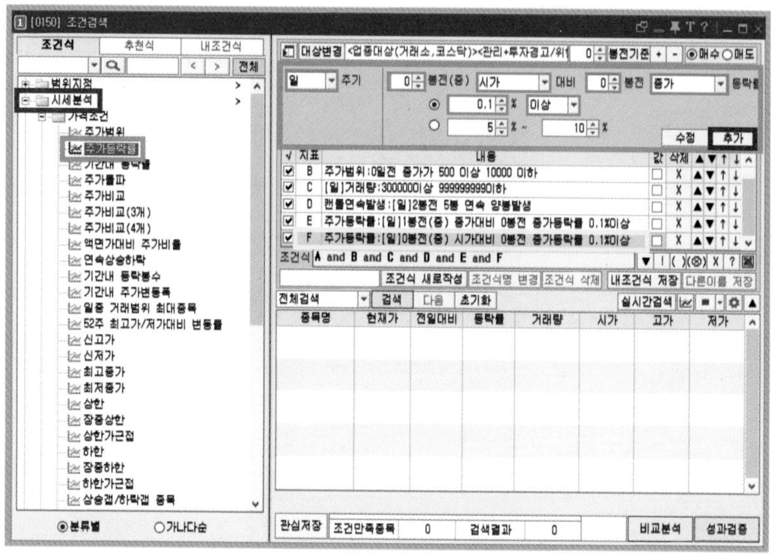

다시 [주가등락률] 입력창에 [일]주기, [0]봉전 [시가] 대비 [0]봉전 [종가] 등락률이 [0.1]% [이상]으로 설정하고 조건식을 추가한다. 이는 **검색 당일 주가가 무조건 양봉을 보여야 함을 표현하는 조건식**이다.

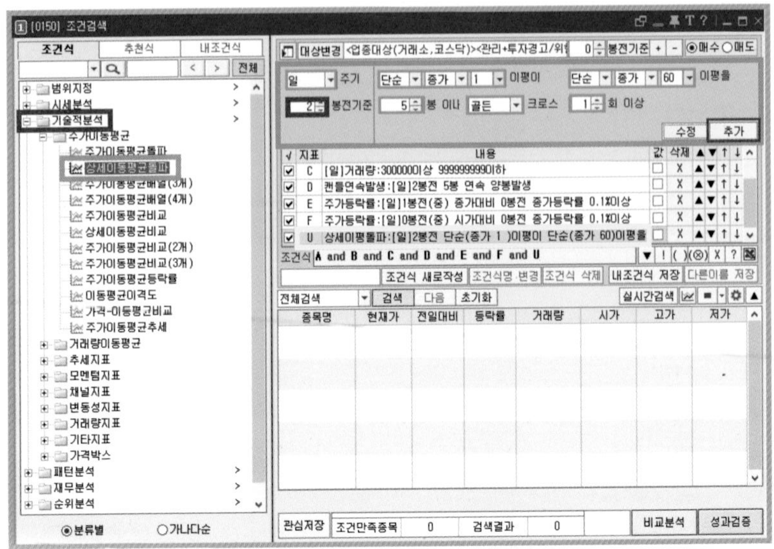

마지막으로 [기술적분석] - [주가이동평균] - [상세이동평균돌파]를 선택해 [일]주기, [2]봉전기준, [단순 종가 1] 이평이 [단순 종가 60] 이평을 [골든]크로스 [1]회 이상으로 입력하고 조건식을 추가한다.

여기서도 **5연속 양봉 캔들이 완성되는 지점**을 검색 당일 기준 2일 전으로 잡는 것이 중요하다.

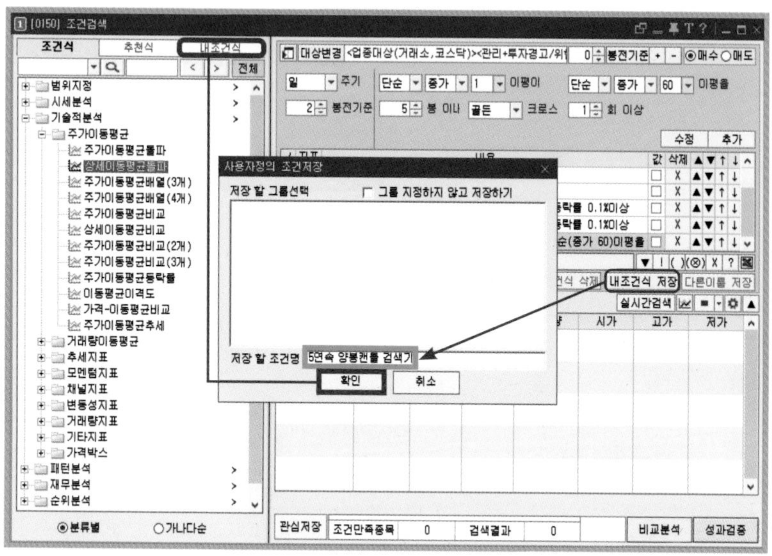

최종 7줄의 검색식이 추가 완료된 것을 확인했으면 [내조건식 저장]을 눌러 **[사용자정의 조건저장]** 창의 **[저장할 조건명]**에 [5연속 양봉 캔들 검색기]라고 입력하고 [확인] 버튼을 눌러 [내 조건식]에 저장한다.

자, 그럼 [5연속 양봉 캔들 검색기]에 대한 [성과검증]을 해보도록 하자.

[성과검증] 창에서 [5연속 양봉 캔들 검색기]를 선택하면 2019년 7월 15일에 [에스엔텍]이란 종목이 추출된 것을 확인할 수 있다. 검색 당일 포함 30일 만에 +125.58%라는 높은 시세 분출이 나온 것을 볼 수 있다. 더욱이 이 기간 코스피와 코스닥 시장이 각각 -6.92%, -11.51% 하락한 것에 대비해보면 상대수익률은 +132.50%, +137.09%에 달한다.

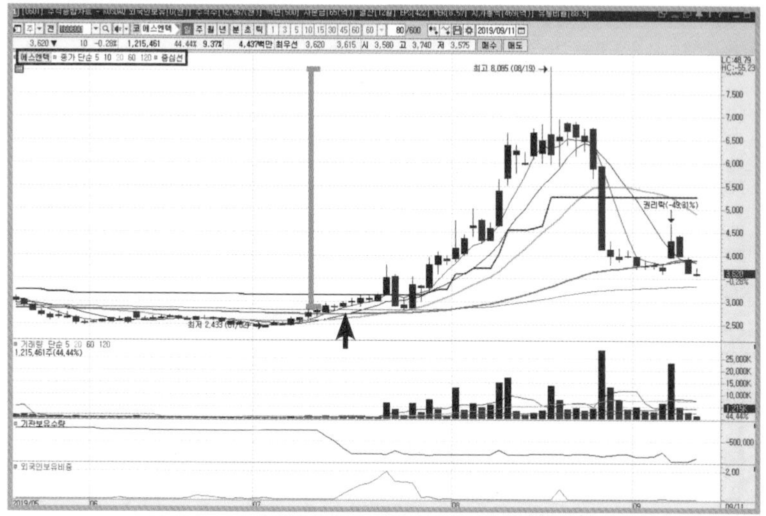

[에스엔텍]의 일봉 차트를 보면, 빨간색 화살 표시로 된 날이 [5연속 양봉 캔들 검색기]에서 추출된 날이다. 이날 종가가 2,955원이었고 검색 당일 포함 30일 만에 최고가 8,085원에 도달한 것을 알 수 있다.

이렇듯 파워풀한 검색기는 추출 종목이 많지는 않지만 한번 시세를 분출하면 단기간에 대시세를 준다. 많은 종목이 추출되는 검색기는 추출되는 시점에서는 좋지만 그중에서 선별하는 것도 쉬운 일은 아니다. 물론 2,200개 종목 중 좋은 종목을 고르는 것보다는 쉽지만 오랜 시간 주식 투자를 하면서 종목을 보는 안목이 없다면 검색기에서 추출된 종목들 중에서도 좋은 종목을 선별하는 것은 쉽지 않다.

04

2음봉+장악형 검색기

다음으로 살펴볼 실전검색기는 일봉상 2일 연속해서 하락하는 음봉 캔들 이후에 이 **2개의 음봉 캔들을 한 방에 장악하는 장대양봉이 출현할 때 추출되는 검색기**다. 예전에도 음봉 캔들 이후에 주가가 상승하는 경우가 종종 나타나긴 했지만 최근에 특히 연속 음봉 캔들 이후에 오히려 주가가 급등하는 사례가 더욱 많아지고 있다. 아무래도 주식 시장이 침체기에 있다 보니 세력들도 더욱 악랄하게(?) 수익을 취하기 위해 나타나는 현상이 아닌가 한다.

바로 [2음봉+장악형 검색기]에 대해 알아보도록 하자.

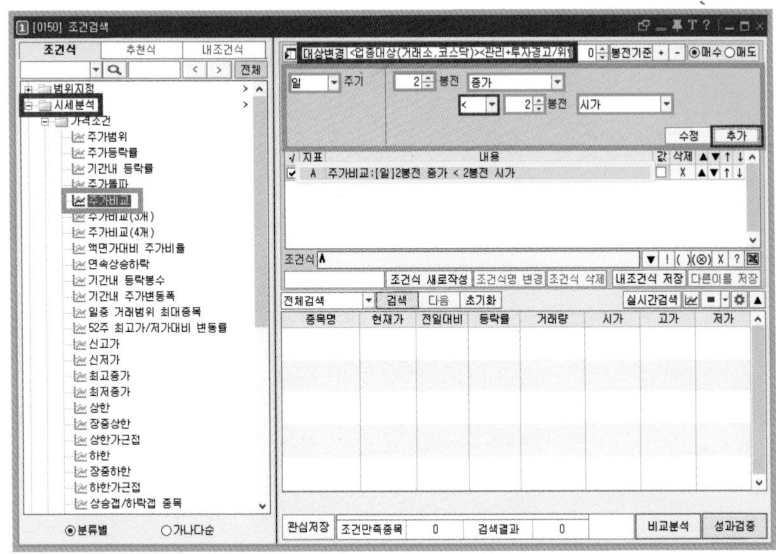

검색기 작성에 앞서 항상 [대상변경]을 확인한다.

[시세분석] - [가격조건] - [주가비교]를 선택해 [일]주기, ([2]봉전 [종가] [<] [2]봉전 [시가])를 입력하고 조건식을 추가한다. **검색 당일 기준 2일 전 캔들이** [음봉]**임을 표현하는 조건식**이다.

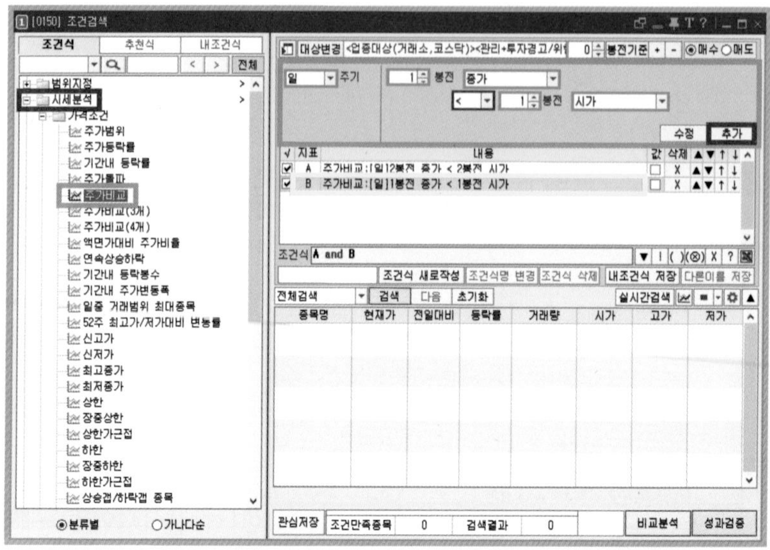

다시 [주기비교] 입력창에 [일]주기, ([1]봉전 [종가] [<] [1]봉전 [시가])로 설정하고 조건식을 추가한다. **검색 당일 기준 전날 캔들이 [음봉]임을 나타내는 조건식**이다.

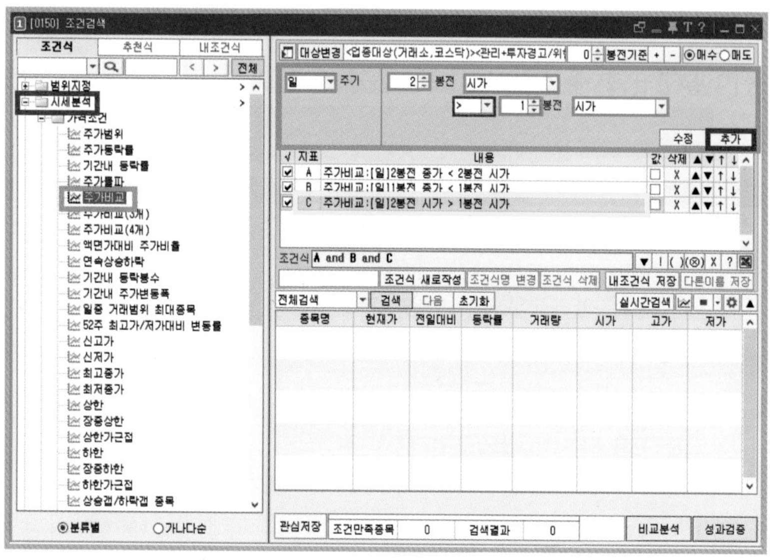

다음으로 이 **2일 연속해서 하락하는 2개의 음봉의 위치를 표현하는 검색식**을 작성한다. 우선 하락하는 연속 음봉을 표현하기 위해서는 **검색 당일 기준 1일 전 음봉의 [시가]가 2일 전 음봉의 [시가]보다 낮은 위치**에 있어야 한다.

[주기비교]에서 [일]주기, ([2]봉전 [시가] [>] [1]봉전 [시가])를 입력하고 조건식을 추가한다.

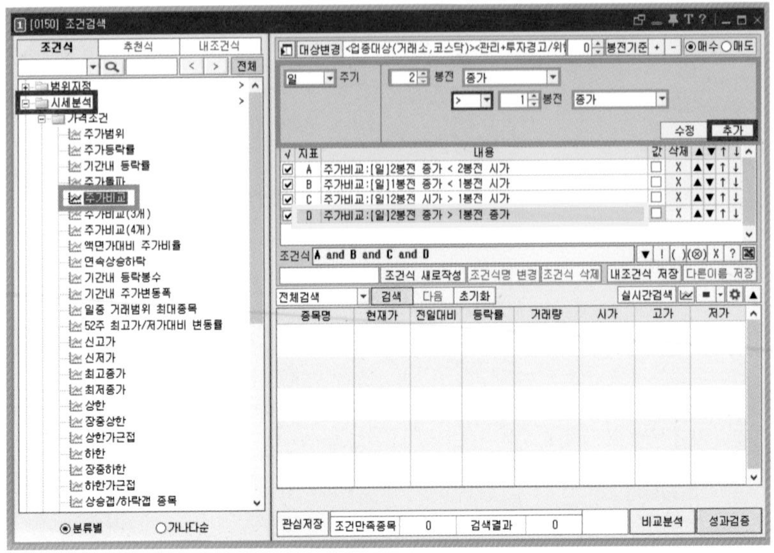

하락하는 2연속 음봉을 표현하려면 음봉들의 [종가]도 하락해야 한다. [주가비교]에서 [일]주기, ([2]봉전 [종가] [>] [1]봉전 [종가])를 입력하고 조건식을 추가한다. 즉, **검색 당일의 전날 음봉의 종가가 2일 전 음봉의 종가보다 더욱 낮은 위치에 있어야 하락하는 연속 음봉을 표현**할 수 있다.

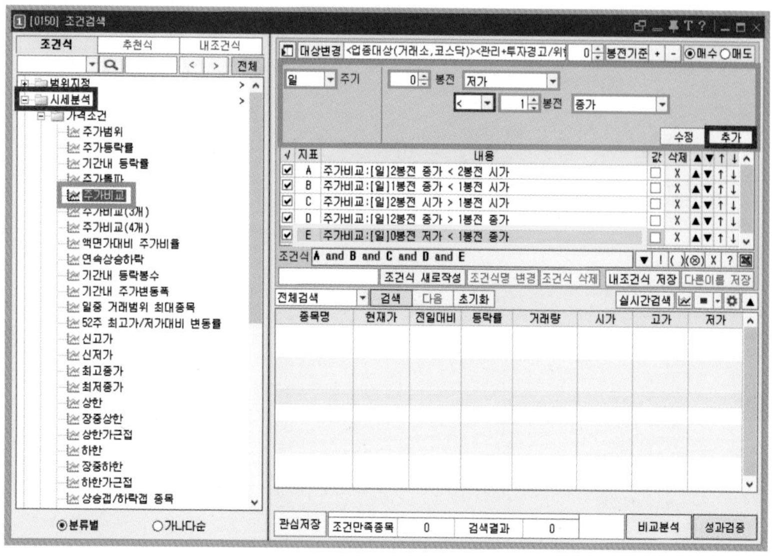

다음으로 **검색 당일 장대양봉의 [저가]는 전일 [종가]보다는 낮게 설정**한다. 즉, 2연속 음봉을 장악하는 장대양봉이 출현하기 전에 2연속 음봉의 하락흐름이 이어진 후 당일에도 이 하락 흐름이 이어지다가 상승으로 반전되는 부분을 조건식으로 표현한 것이다.

[주가비교]에서 [일]주기, ([0]봉전 [저가] [〈] [1]봉전 [종가])를 입력하고 조건식을 추가한다.

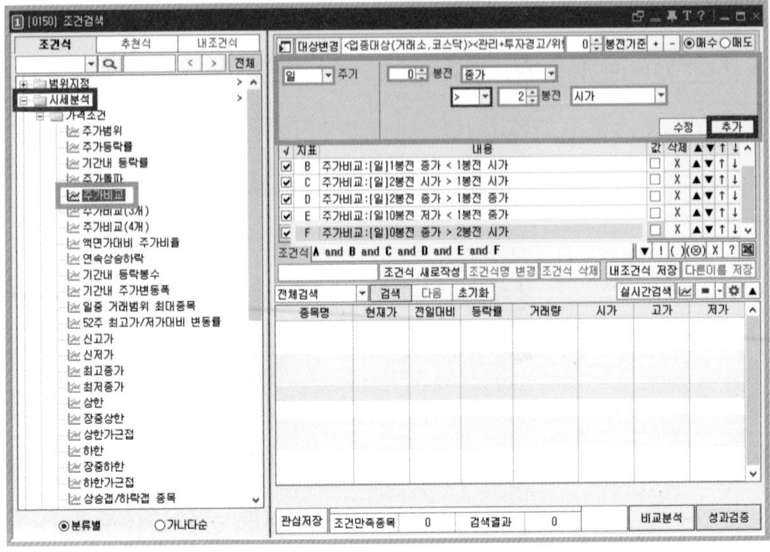

[주가비교]의 마지막은 **검색 당일 장대양봉의** [종가]가 2일 전 **음봉의** [시가]**보다 높아야** 한다. 즉, 하락음봉의 시작점인 2일 전 [음봉]의 **[시가]**보다는 검색 당일 **[종가]**가 높아야 2음봉 장악형 장대양봉 캔들이 완성되기 때문이다.

[주가비교]에서 [일]주기, ([0]봉전 [종가] [>] [2]봉전 [시가])로 설정하고 조건식을 추가한다.

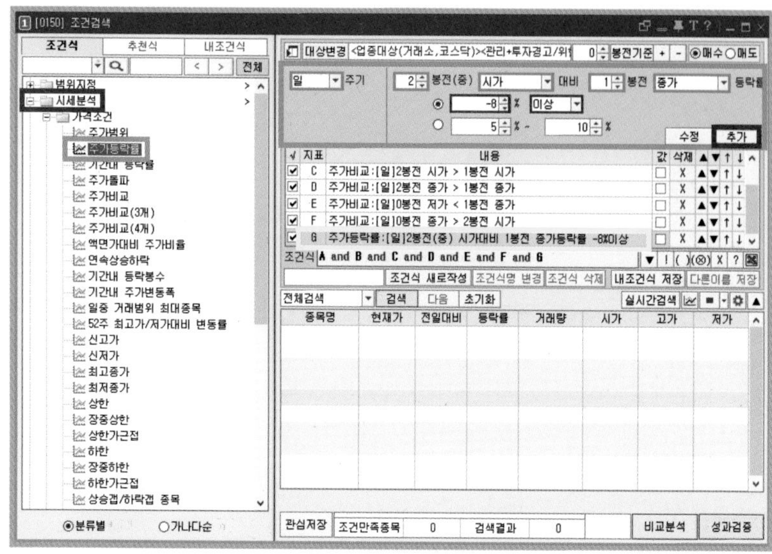

[시세분석] - [가격조건] - [주가등락률]에서 [일]주기, [2]봉전 [시가] 대비 [1]봉전 [종가] 등락률 [-8%] [이상]으로 입력하고 조건식을 추가한다. 이는 **2연속 음봉 전체의 하락율이 -8%는 넘지 않는 것을 표현하는 조건식**이다. 2연속 음봉을 장악하는 장대양봉이 나오더라도 이전에 하락율이 너무 과도한 종목은 상승 추세를 타기 쉽지 않기 때문이다.

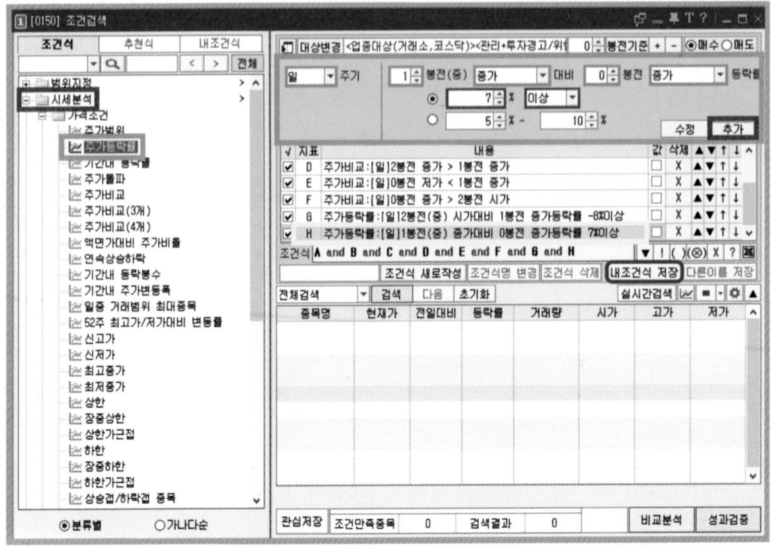

다시 [주가등락률]에서 [일]주기, [1]봉전 [종가] 대비 [0]봉전 [종가] 등락률이 [7]% [이상]을 입력하고 조건식을 추가한다. 이는 **2연속 음봉의 최종 저점인 1일 전 음봉의 [종가] 대비 검색 당일 [종가] 최소 7% 이상은 상승해야 장악형이 완성됨을 표현하는 조건식**이다.

여기서 장악형이라면 2연속 음봉을 완전히 넘어서야 되기 때문에 전일 종가 대비 상승률이 +9% 이상은 되어야 하는 것이 아닌가라고 의문을 제기할 수 있는데, 실제로 검색기에서 추출된 종목들을 보면 2연속 하락 음봉의 전체 하락률이 -8% 이내인 경우가 많기 때문에 어느 정도 종목 추출의 범퍼를 주기 위해 이렇게 설정한 것이니 참고하기 바란다.

최종적으로 8줄의 조건식이 추가될 것을 확인한 후에 [내조건식 저장]을 눌러 [2음봉+장악형 검색기]라고 저장한다.

저장까지 완료했으면 이제 [2음봉+장악형 검색기]에 대한 [성과검증]을 해보도록 하자.

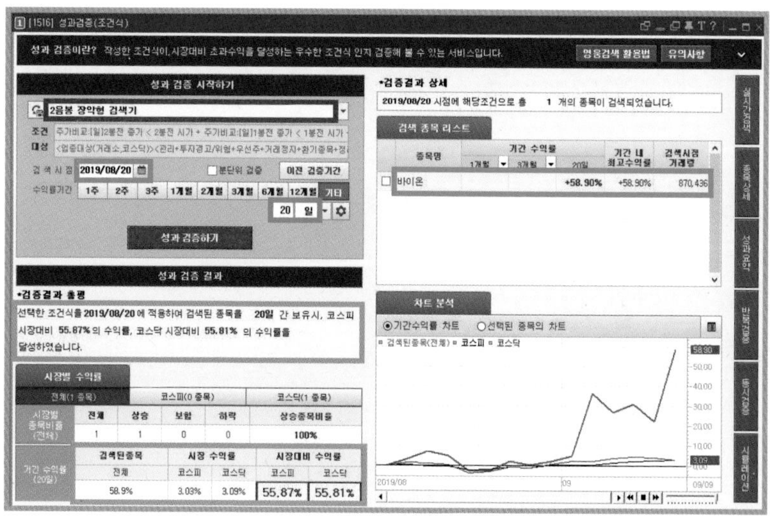

[성과검증] 창에서 [2음봉+장악형 검색기]를 선택한 후 2019년 8월 20일 기준 [성과 검증하기] 버튼을 누르면 [바이온]이란 종목이 추출된 것을 확인할 수 있다.

이 종목은 검색 당일을 포함해 20일 만에 +58.90% 급등을 했고, 코스피와 코스닥 시장 대비해서도 매우 우수한 성과를 보여주었다.

[바이온]의 일봉 차트를 살펴보면, 빨간색 화살표 지점이 [2음봉 + 장악형검색기]를 통해 추출된 시점으로 이날 종가가 1,095원이고 검색 당일을 포함해 20일 만에 최고가 1,740원을 찍은 것을 확인할 수 있다.

05
단기로켓 검색기

마지막으로 공개할 실전검색기는 시세의 흐름이 단기 급등할 때 진입해 바로 추가 상승을 노리는 검색기다. 주가는 강한 흐름이 시작되면 바로 꺾이지 않고 흐름이 진행된 방향으로 계속 가려는 **관성의 법칙**이 있기 때문에 이를 이용한 것이다. 물론 단기간의 수익과 더불어 우상향의 추세 상승도 노릴 수 있다.

세부 조건식에 대해 알아보자.

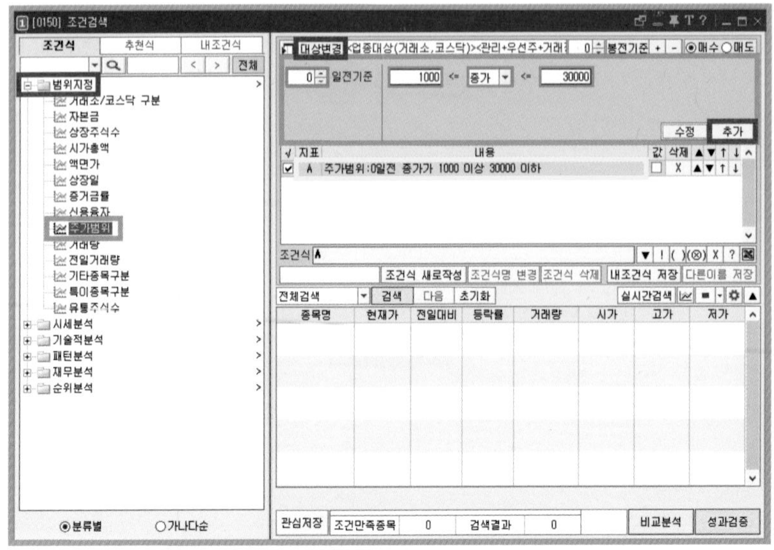

새로운 실전검색기를 작성하기에 앞서 [대상변경]을 체크하는 것을 잊지 말도록 한다.

[범위지정] - [주가범위]에서 [0]일 전 기준 [1,000] 〈 [종가] 〈 [30,000]을 입력하고 조건식을 추가한다. 종가 혹은 현재가의 범위가 **1,000원 이상 3만 원 이하의 종목**을 추출하라는 조건식이다.

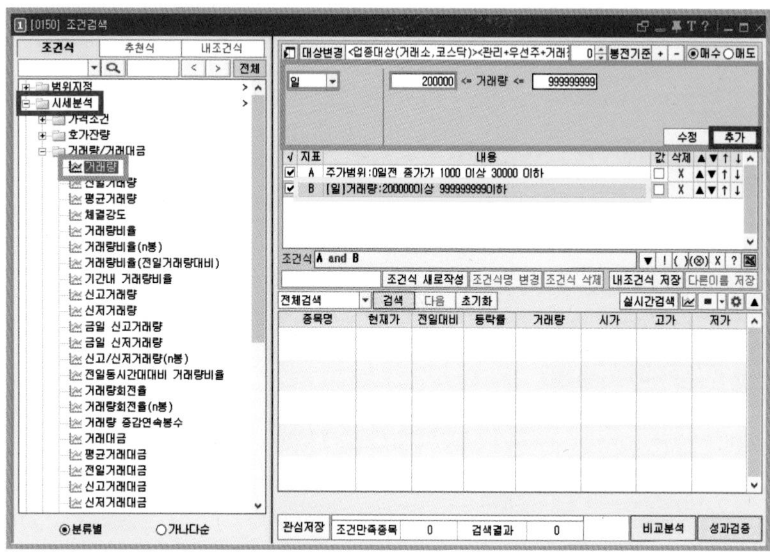

[시세분석] - [거래량/거래대금] - [거래량]에서 [일]기준 **거래량**을 20만 주 이상으로 설정하고 조건식을 추가한다.

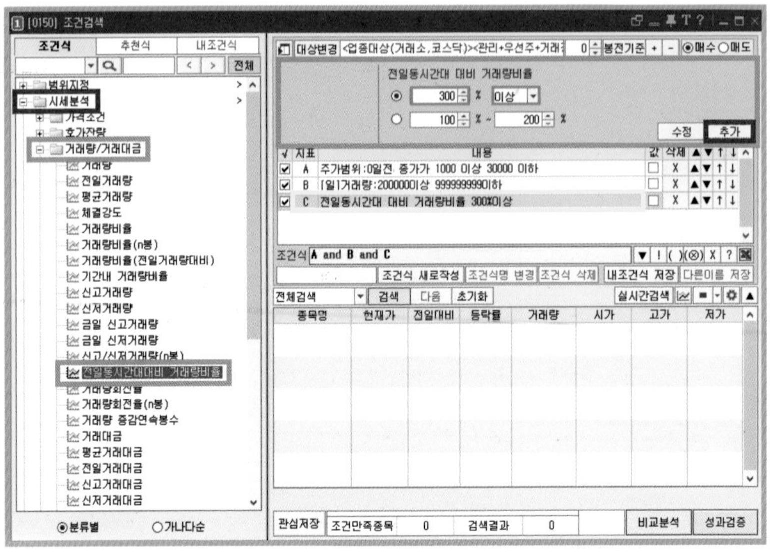

거래량 추가 조건으로 [시세분석] - [거래량/거래대금] - [전일동시간대대비 거래량비율]에서 전일동시간대비 거래량비율을 [300]% [이상]으로 입력하고 조건식을 추가한다. 이는 **전일 같은 시각대비 거래량이 3배 이상 많이 거래되는 종목** 추출하라는 조건식이다.

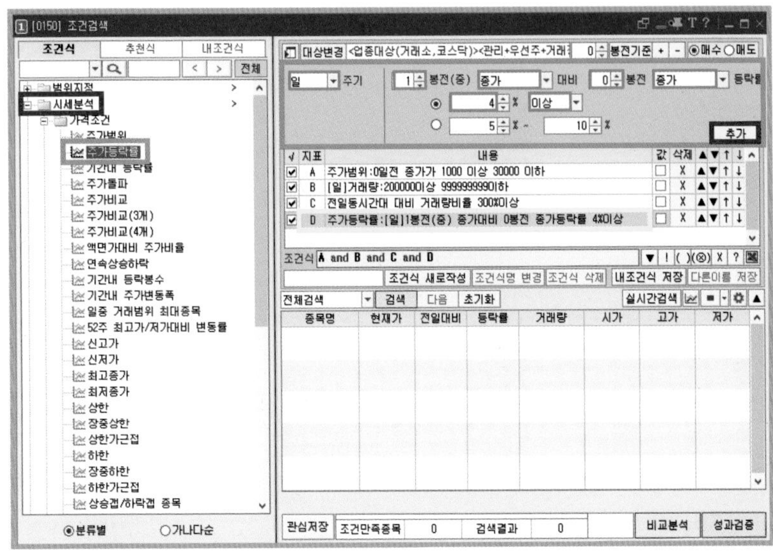

다음으로 [시세분석] - [가격조건] - [주가등락률]에서 [일]주기 [1]봉전 [종가] 대비 [0]봉전 [종가]등락률이 [4]% [이상]으로 입력하고 조건식을 추가한다. 이는 **전일종가대비 검색 당일 종가 혹은 현재가가 +4% 이상 상승한 종목**을 추출하라는 조건식이다.

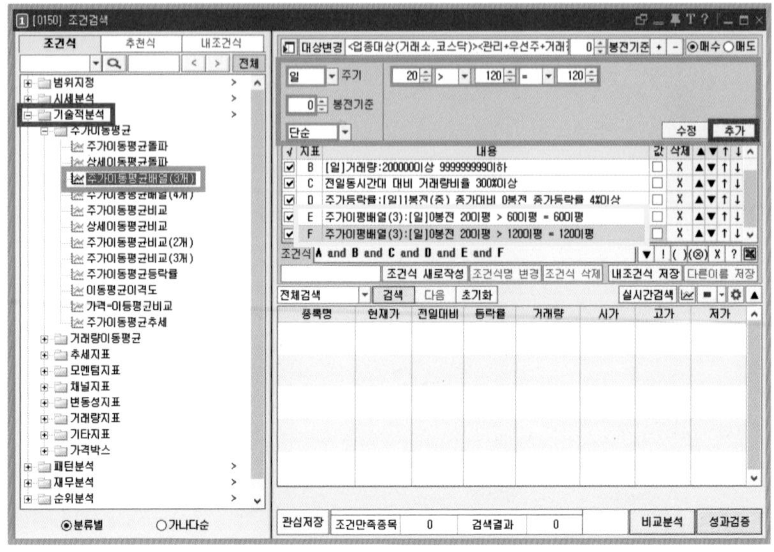

다음은 **주가-이동평균선 배열**에 대한 조건식을 추가해야 한다. [기술적분석] - [주가이동평균] - [주가이동평균배열(3)]에서 [일]주기 [0]봉전기준 [단순], [20] 〉 [60] = [60]을 입력한 후 조건식 [추가] 버튼을 누른다. 또 같은 입력창에서 [20] 〉 [120] = [120]을 입력하고 조건식을 추가한다.

이는 20일 이동평균선이 60일 이동평균선 위에 있어야 하며 동시에 120일 이동평균선 위에도 위치해 있어야 하는 조건식들이다.

여기서 주의할 점은 **60일 이동평균선과 120일 이동평균선은 서로 아무런 조건식이 없다는 것이다.** 즉, 20일 이동평균선이 60일과 120일 이동평균선이 위에 있다고 [20] 〉 [60] 〉 [120]으로 표현해서는 안 된다. 그래서 조건식을 두 개로 나누어 작성한 것이다.

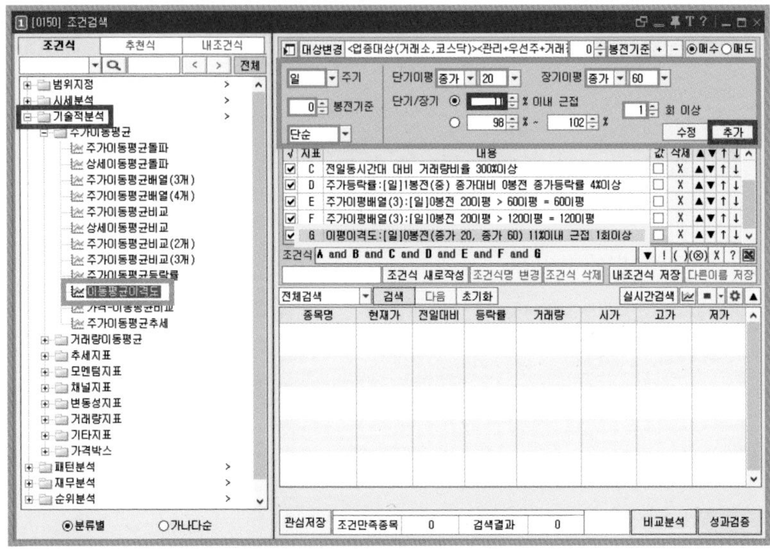

이번에는 [기술적분석] - [주가이동평균] - [이동평균이격도]에서 [일]주기 [0]봉전기준 [단순], [종가][20]이평이 [종가][60]이평과 [11]% 이내 근접 [1]회 이상으로 설정하고 조건식을 추가한다.

이는 **20일 이동평균선과 60일 이동평균선의 이격도(벌어진 정도)가 11% 이내로 근접하는 종목을 추출하라는 조건식**이다. 이격도가 11%가 넘는 급등 종목들은 조만간 반락할 가능성이 높기 때문이다.

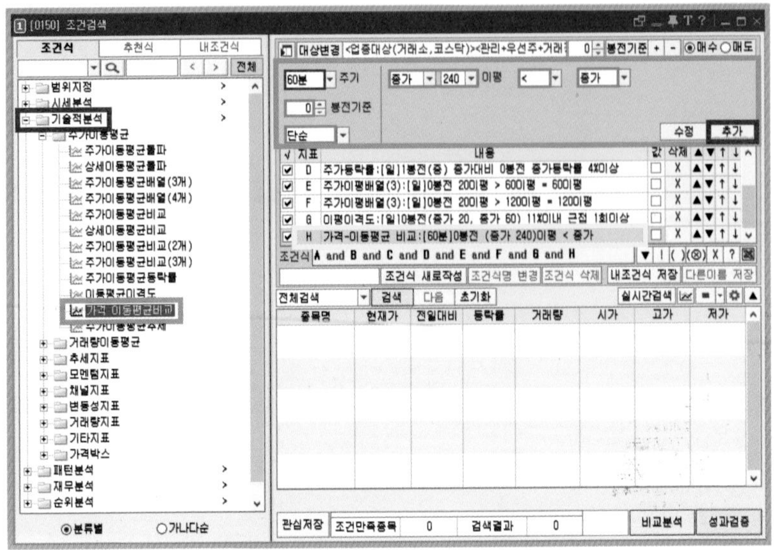

다음으로 **가격 - 이동평균선 비교** 조건식을 작성한다.

[기술적분석] - [주가이동평균] - [가격-이동평균비교]에서 [60분]주기 [0]봉전기준 [단순], [종가][240]이평 [<] [종가]를 입력하고 조건식을 추가한다.

여기서 주의할 점은 **[일]주기가 아니라 [60분]주기다.** 즉, 일봉상 정배열이 아닌 역배열에서 급등하는 종목이라도 종가 혹은 현재가가 60분봉 차트에서 240 이동평균선 위에 있어야 추가 급등 가능성이 높다.

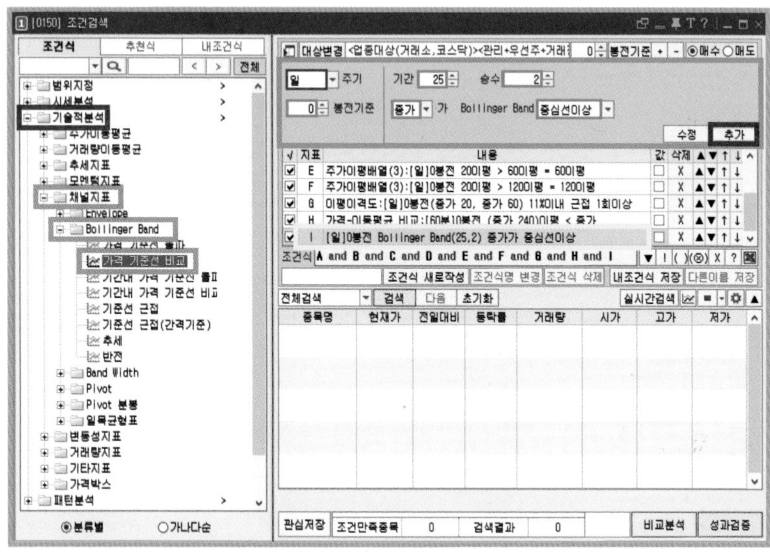

다음 추가할 조건식은 [볼린저밴드]에 대한 조건식들이다.

[기술적분석] - [채널지표] - [Bollinger Band] - [가격 기준선 비교]에서 [일]주기, [0]봉전기준, 기간[25] 승수[2] [종가]가 Bollinger Band[중심선이상]으로 설정하고 조건식을 추가한다.

이는 [볼린저밴드]의 중심선에 대한 조건식으로 **주가가 급등해서 [볼린저밴드] 중심선 위에 있을 때 추가 상승할 확률이 높다.**

여기서 **[일]**주기 외에 **[월]**주기도 똑같은 입력값을 넣고 조건식을 추가한다.

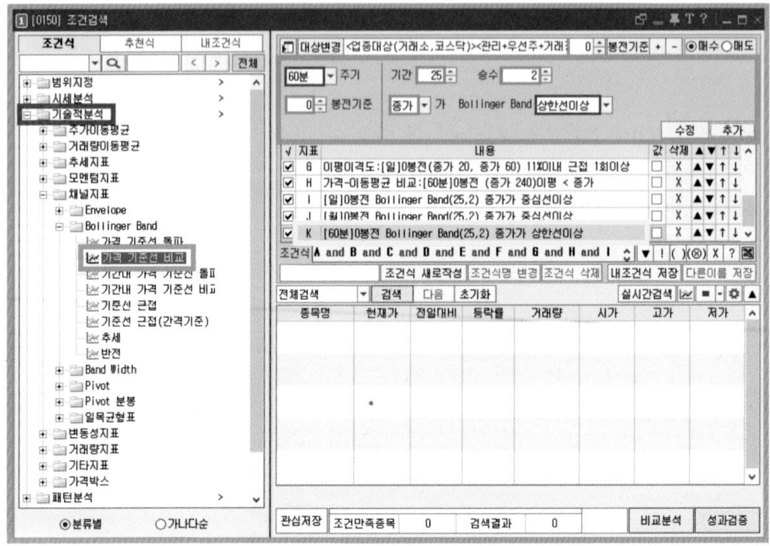

[60분]주기에 대한 **[볼린저밴드]** 조건식도 추가한다.

같은 조건식 입력창에서 [60분]주기, [0]봉전기준, 기간[25] 승수[2] [종가]가 Bollinger Badn[상한선이상]으로 설정하고 조건식을 추가한다. 여기서는 **[중심선]**이 아니라 [상한선이상]에 주의한다.

이는 주가가 1차 급등한 종목을 추출하는 조건식으로 60분봉에서 [볼린저밴드] 상한선을 돌파하면 조만간 추가 급등이 나올 가능성이 높다.

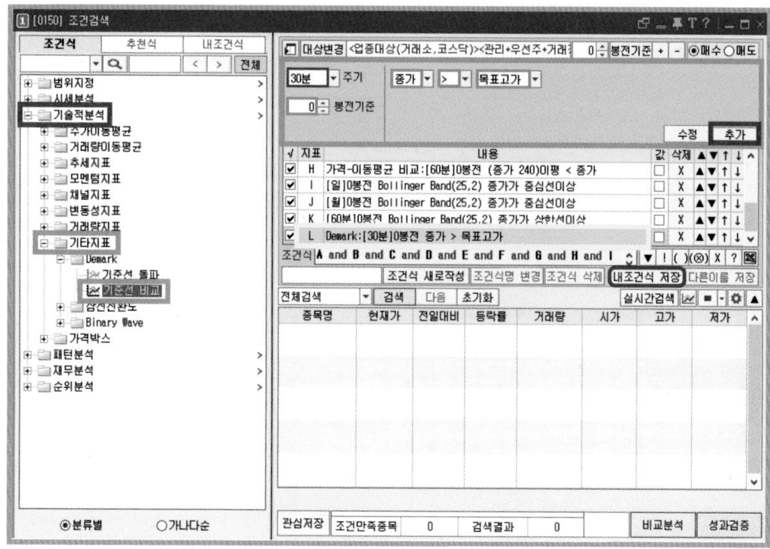

마지막으로 [기술적분석] - [기타지표] - [Demark] - [기준선 비교]를 선택해 [30분]주기, [0]봉전기준, [종가] [>] [목표고가]를 입력하고 조건식을 추가한다.

Demark 보조지표는 분봉에서 살펴보는 것이 좋다고 했는데, 이는 **30분봉에서 종가 혹은 현재가가** Demark**지표 목표고가를 넘는 종목을 추출하는 조건식**이다.

여기까지 총 12줄의 조건식을 확인하고 [내조건식 저장]을 눌러 [단기로켓 검색기]라고 저장한다.

이제 [단기로켓 검색기]에 대한 [성과검증]을 해보자.

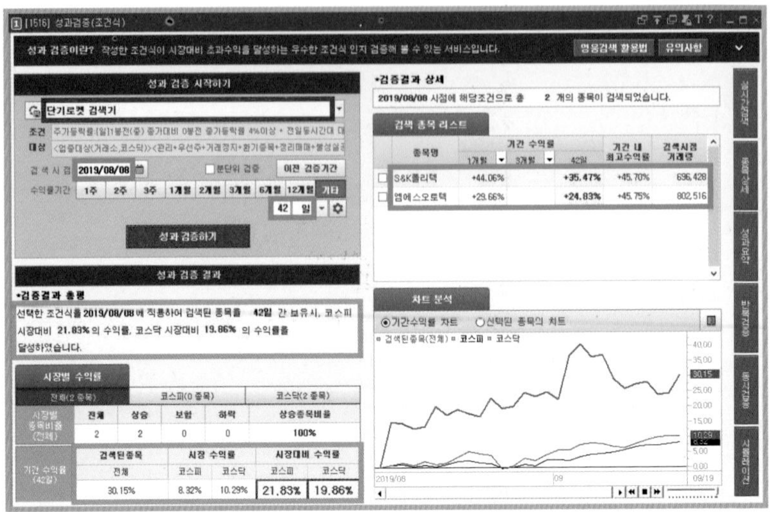

[성과검증] 창에서 [단기로켓 검색기]를 선택하고 2019년 8월 8일에 추출된 종목을 살펴보면, [S&K폴리텍]과 [엠에스오토텍]이 검색된 것을 확인할 수 있다.

두 종목이 나란히 +40%대 수익률을 검색 당일 포함 42일 만에 달성했고, 시장대비 수익률도 +20% 정도 높다.

두 종목 중 [S&K폴리텍]을 살펴보자.

[S&K폴리텍]의 일봉 차트를 보면, 2019년 8월 8일(빨간색 화살표)이 검색기에 추출된 날이다. 검색된 이후 바로 다음 날 +7% 이상 상승해주었고, 5일째에는 장 중 +17% 급등을 보여줬다. 또한 한 달이 채 되지 않은 9월 5일에 장 중 8,860원까지 상승하면서 +45.70%라는 높은 시세급등이 나왔다.

즉, 이 [단기로켓 검색기] 단기에도 기간 대비 어느 정도 높은 수익률을 주는 종목을 검출하면서 추세적으로 보유하면 더욱 높은 수익률을 줄 가능성이 높은 검색기다.

실전에서 수익 내기 ②

장 중 단타 검색기 및 성과검증

사실 이 장은 책에 수록할지 고민이 된 부분이다. 이유는 장 중 단타검색기는 추출된 종목 중 추가 가능성이 높은 패턴을 보이는지 그 순간 빠르게 판단할 수 있는 안목이 필요하기 때문이다.

스윙검색기에서 추출된 종목은 종가 혹은 다음 날 시가에 매수하는 것이기 때문에 판단할 시간이 충분하지만, 단타검색기에서 추출된 종목은 재빨리 판단해서 매수하지 않으면 바로 급등해버리기 때문에 추가 급등 패턴을 알고 있어야 한다.

물론 단타검색기 자체도 추가 급등의 가능성이 높은 조건식으로 구성된 것은 맞지만, 장 중 매매를 위해 단타검색기를 이용하는 투자자들은 매일 수익의 가능성을 가져야 하기 때문에 종목 추출이 무조건 나와야 한다. 이 때문에 조건식을 너무 타이트하게 작성하면 안 되며 종목들이 다수 나올 수밖에 없고 여기서 가능성이 높은 종목을 고를 수 있어야 한다.

하지만 여기서 공개하는 2개의 단타검색식을 함께 참고하면 장중 추가 상승 가능성이 매우 높은 종목을 골라낼 수 있으니 실전에 많이 활용하기 바란다.

2개의 단타검색기 조건식부터 알아보자.

01

[A 검색기] 저가대비 4% + 1분 최고거래량

장 중 단타종목을 선정할 때는 1개의 검색기보다는 **2개를 동시에 사용**해야 한다.

첫 번째 단타검색기인 [A 검색기]는 **당일 1분봉상 이전 40봉 중 신고거래량를 나타내면서 [저가] 대비 +4% + [시가] 대비 +4% 상승하는 종목을 추출하는 검색기**다.

이는 1차 "상승률 마디가"인 +4% 이상 상승하면서 직전 40봉 중 최대거래량을 보인다면 장 중 매수세가 매우 강하다는 신호이기 때문에 이후 추가 상승할 확률이 높다.

[A 검색기]에 대한 조건식을 작성해보자.

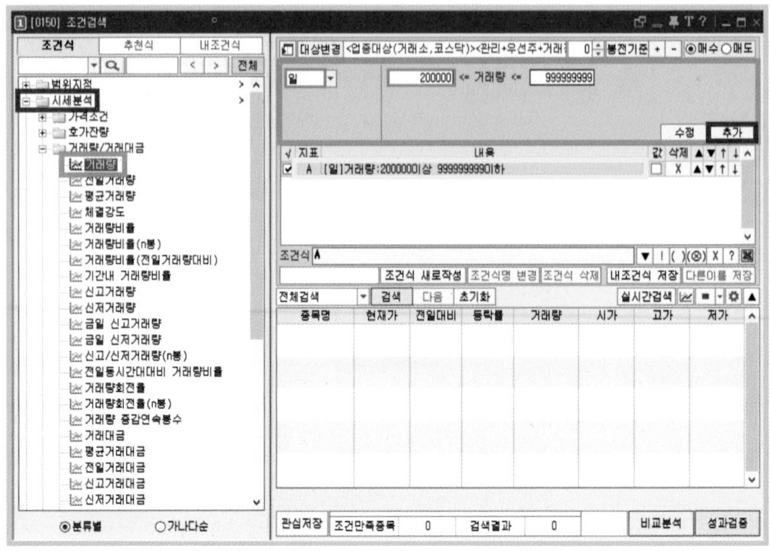

[시세분석] - [거래량/거래대금] - [거래량]에서 [일]기준, 거래량이 [20만 주] 이상 설정하고 조건식을 추가한다.

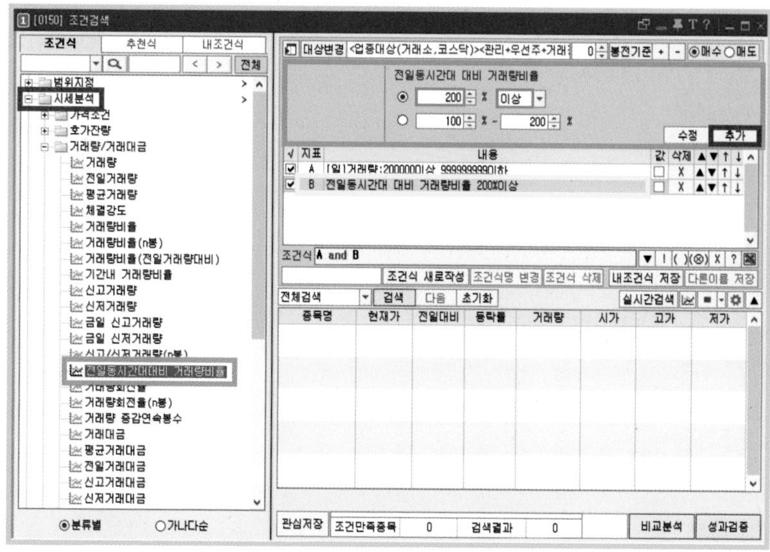

다음으로 [시세분석] - [거래량/거래대금] - [전일동시간대대비 거래량비율]을 [200]% [이상]으로 입력하고 조건식을 추가한다.

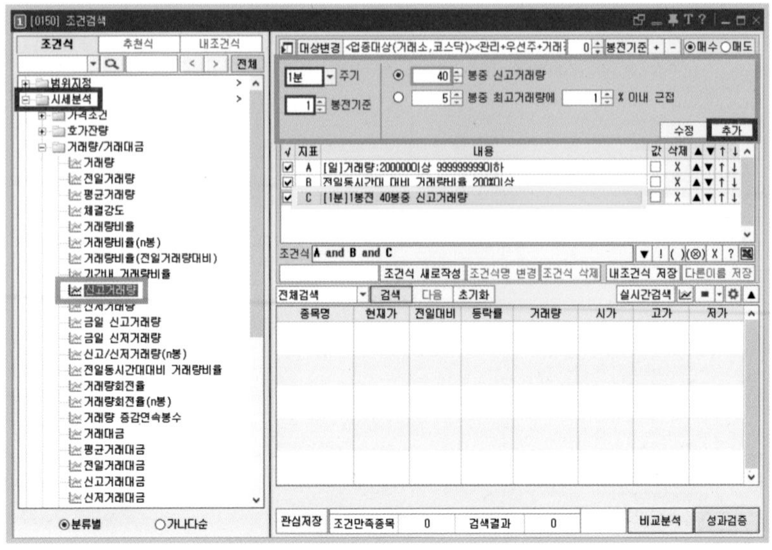

이번에는 [시세분석] - [거래량/거래대금] - [신고거래량]에서 [1분]주기, [1]봉전기준, [40]봉 중 **신고거래량**을 입력하고 조건식을 추가한다.

주기를 [1분]으로 설정하는 것은 장 중 단타를 하기 위함이며, 이는 **1분봉 차트에서 직전 40봉 내 최대거래량을 나타내는 종목을 추출하라는 조건식**이다. **여기서 주의할 점은 [0]봉전기준이 아닌 [1]봉전기준으로 해야 한다.** 이것은 직전 1분봉 캔들이 완성된 이후 판단하기 위해서다.

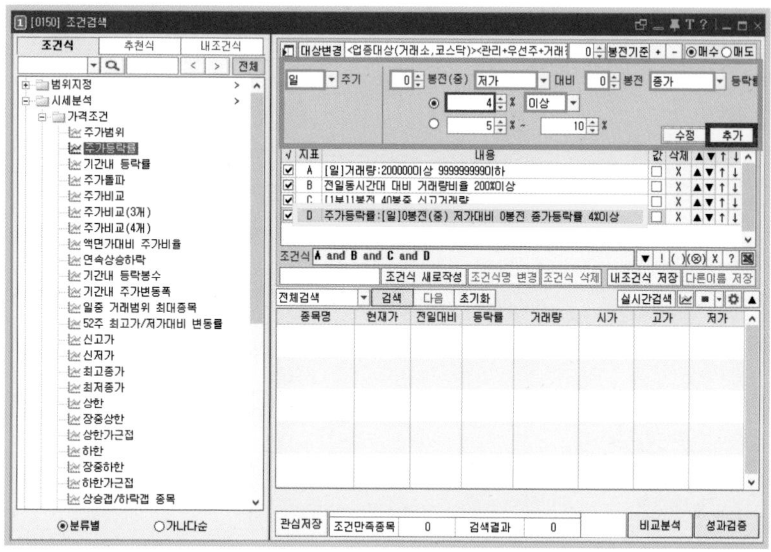

마지막으로 [시세분석] - [가격조건] - [주가등락률]에서 [일]주기, [0]봉전 [저가] 대비 [0]봉전 [종가]등락률이 [4]% [이상]으로 입력하고 조건식을 추가한다.

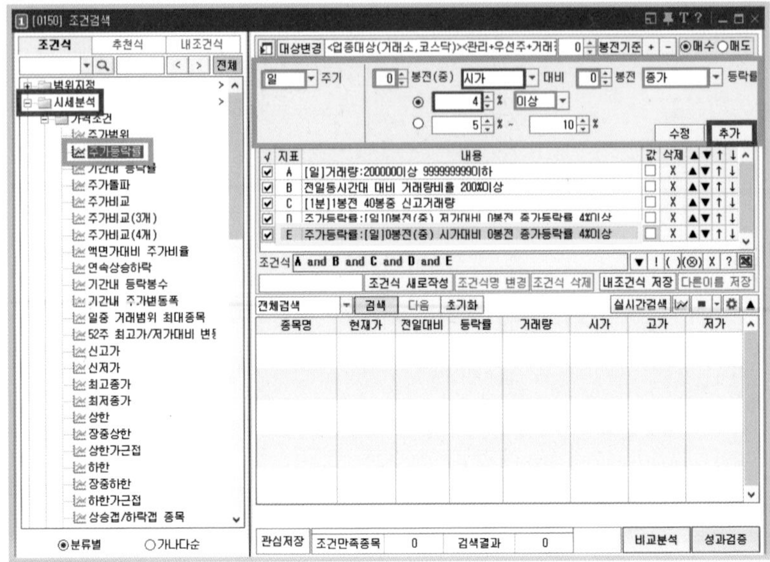

같은 입력창에 **[저가]** 대비를 [시가] 대비로 **[수정]**하고 [4]% [이상]으로 설정한 후 조건식을 추가한다.

[A 검색기] 조건식 작성이 완료됐으면 [성과검증] 창을 통해 조건에 부합하는 종목들이 추출된 일중 시각을 알아보자.

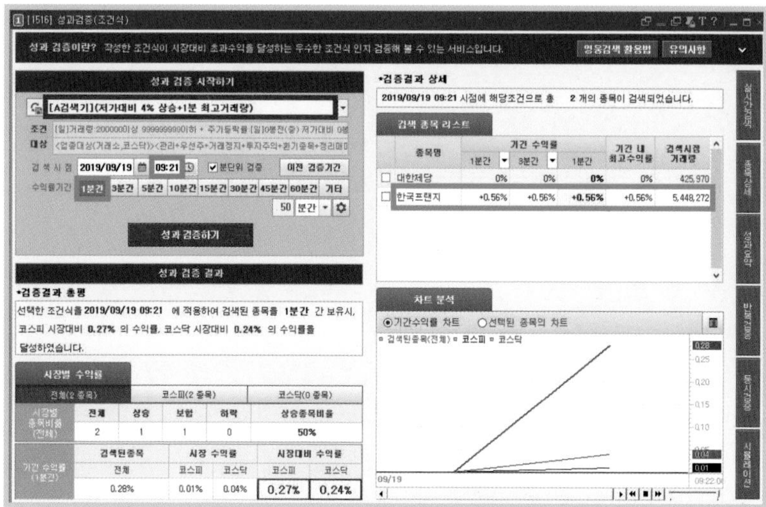

[성과검증] 창을 보면, 20019년 9월 19일 오전 9시 21분에 [대한제당]과 [한국프랜지]가 추출된 것을 확인할 수 있다. 여기서 [대한제당]은 이날 상한가 근처에서 검출됐기 때문에 제외하고 [한국프랜지]를 살펴보자.

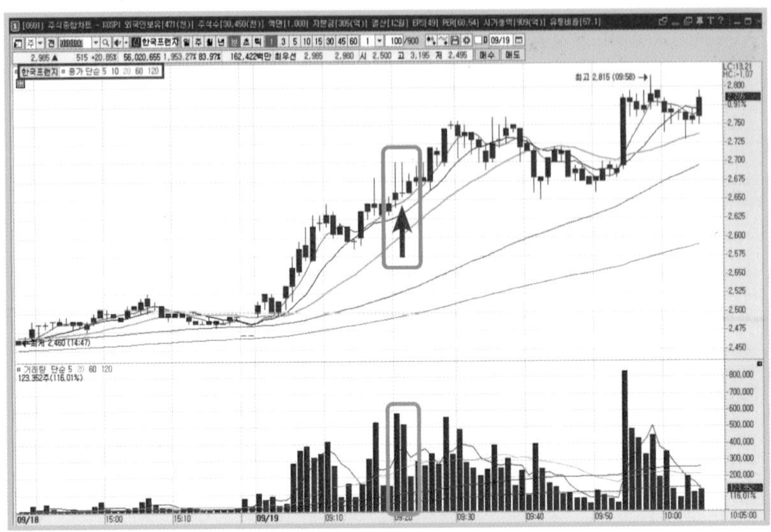

[한국프랜지]의 1분봉 차트를 보면, 당일 일 중 흐름에서 빨간색 화살표 지점에서 검색기에 검출됐고, 검출 시점 거래량을 보면 직전 [1]봉 전 캔들에서 이전 40봉 중 최대거래량이 나온 것을 확인할 수 있다.

일단 이 종목은 **1분 차트에서 이동평균선 완전 정배열이며 1차 상승률 마디가인 저가 대비 +4% 상승하면서 최대거래량을 경신하고 있기 때문에 장 중 매수세가 매우 강하다**고 할 수 있다.

최종 종목 선정은 이 [A 검색기]와 더불어 [B 검색기]가 필요하다. [B 검색기]에 대해 알아보도록 하자.

02
[B 검색기] 1분 캔들 20이동평균선 연속양봉 돌파

[B 검색기]는 **[A 검색기]**와 기본적인 사항은 비슷하지만 **추가적인 핵심포인트는 1분 차트에서 20 이동평균선을 연속 양봉으로 돌파**한다는 것이다. 즉, 1분봉 차트에서 1차 상승 이후 눌림목이 나오고 재차 20 이동평균선을 상향 돌파해 하락세를 이겨낸 종목들을 중 매수세가 강한 종목을 추출하는 검색기다.

그럼 [B 검색기]를 만들어보자.

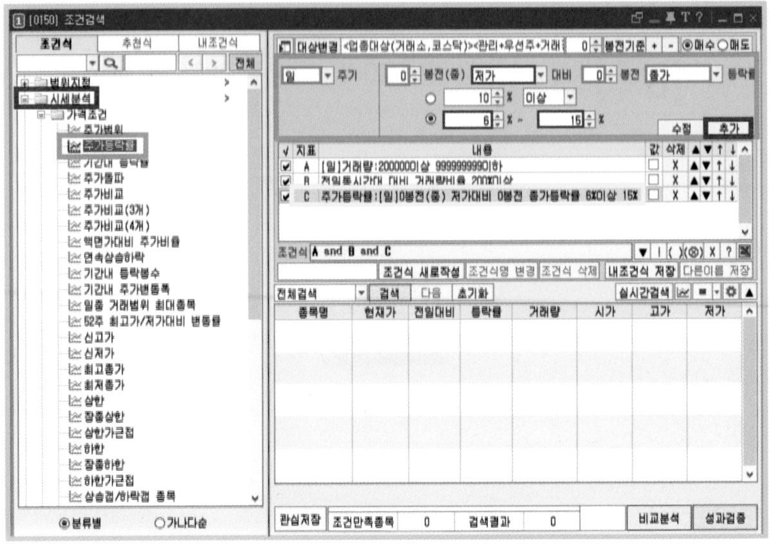

우선 [거래량]과 [전일동시간대비 거래량비율] 조건식을 추가한다. 이는 **[A 검색기]**와 동일하므로 작성방법은 생략한다.

[시세분석] - [가격조건] - [주가등락률]에서 [일]주기, [0]봉전 [저가] 대비 [0]봉전 [종가]등락률이 [6]% 이상 [15]% 이하로 설정하고 조건식을 추가한다. 이는 **+6% 이상 1차 상승한 종목을 찾되 15% 이상 급등한 종목은 제외한다는 조건식**이다.

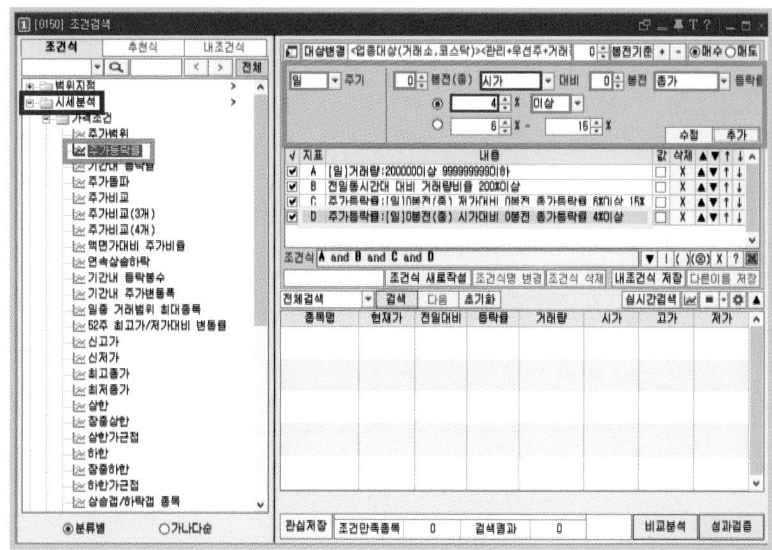

다시 [주가등락률] 입력창에 **[A 검색기]**와 마찬가지로 [일]주기, [0]봉전 [시가] 대비 [0]봉전 [종가]등락률이 [4]% [이상]을 입력하고 조건식을 추가한다.

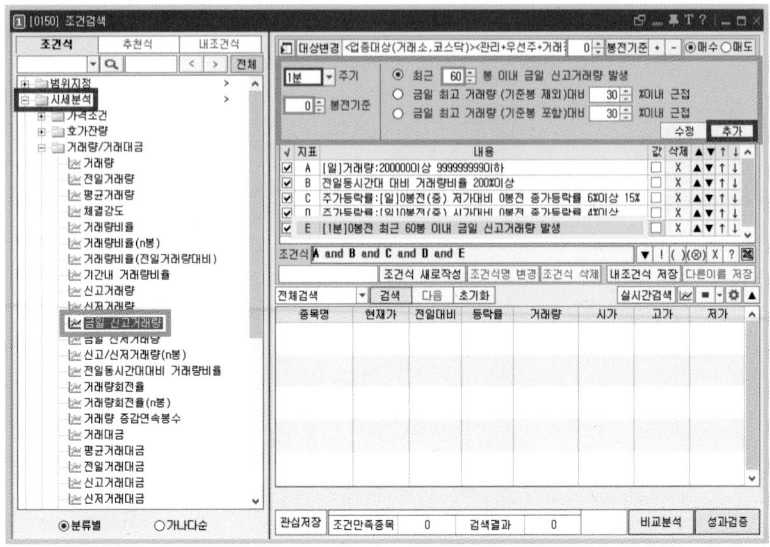

다음으로 [시세분석] - [거래량/거래대금] - [금일 신고거래량]에서 [1분]주기, [0]봉전기준, 최근 [60] 봉 이내 **금일 신고거래량 발생**으로 입력하고 조건식을 추가한다.

이는 **검색 추출 시점이 아닌 이전 60개의 캔들 중 임의의 캔들이 당일 최대거래량이 발생한 종목을 추출하는 조건식**이다. 즉, 장 중 강한 매수세를 확인하기 위해서다.

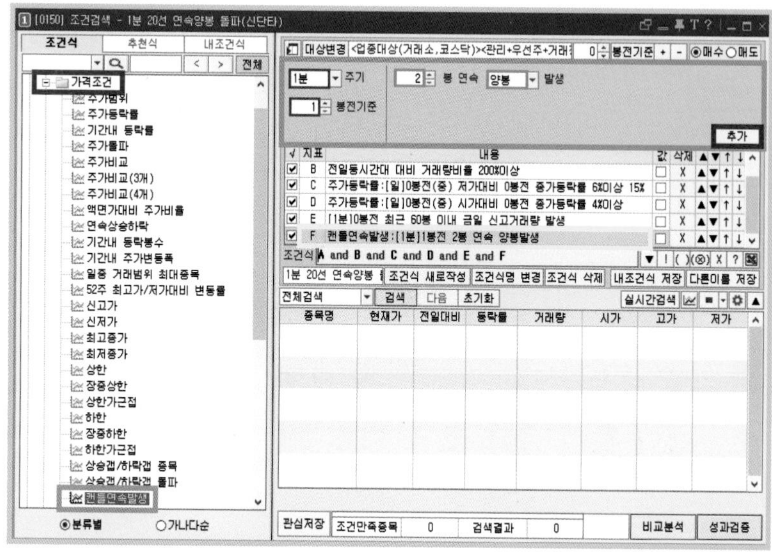

[시세분석] - [가격조건] - [캔들연속발생]에서 [1분]주기, [1] 봉전기준, [2]봉 연속 [양봉] 발생으로 설정하고 조건식을 추가한다.

검출 시점 직전 캔들이 1분 캔들이 연속해서 양봉(해당 캔들의 종가가 시가보다 높음)**이어야 한다는 조건식**이다.

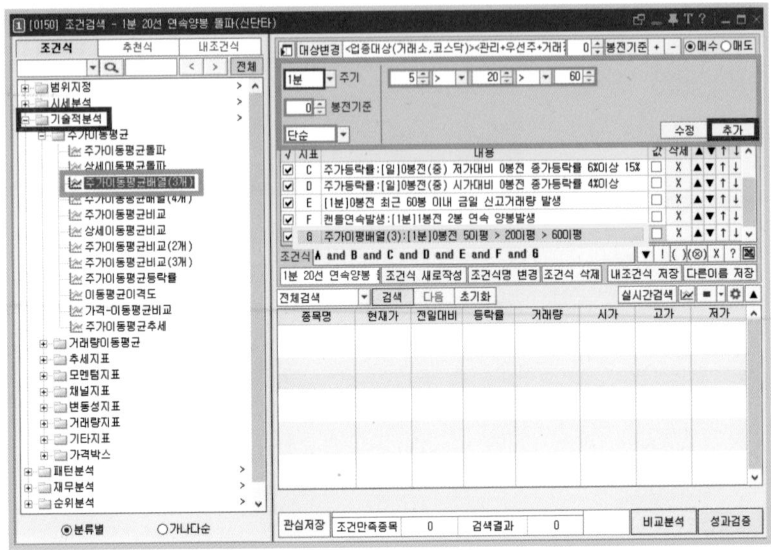

다음으로 [기술적분석] - [주가이동평균] - [주가이동평균배열(3개)]에서 [1분]주기, [0]봉전기준, [단순], [5] 〉 [60] 〉 [120]으로 입력하고 조건식을 추가한다.

이는 **1분봉 차트에서 [이동평균선]이 정배열인 종목을 추출하라는 조건식**이다.

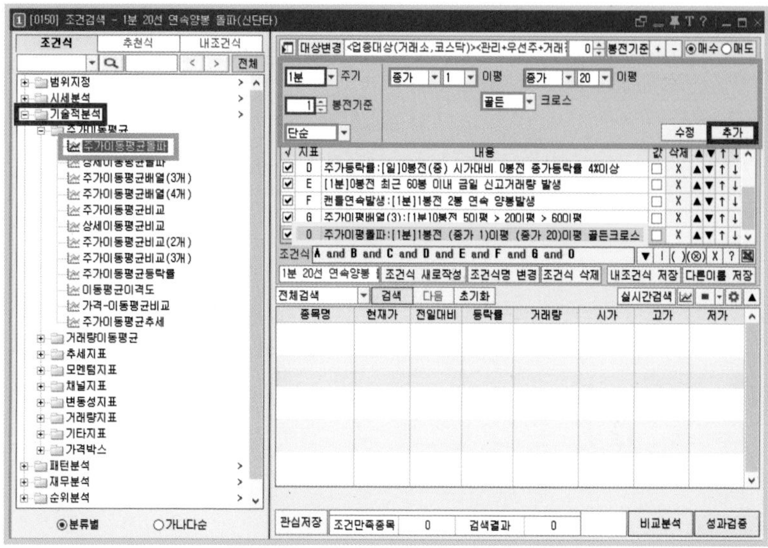

마지막으로 [기술적분석] - [주가이동평균] - [주가이동평균돌파]에서 [1분]주기, [1]봉전기준, [단순], [종가 1]이평(현재가)이 [종가 20]이평을 [골든]크로스(돌파)로 설정하고 조건식을 추가한다.

이는 **1분봉 차트에서 검색 추출 시점** 직전([1]봉전) **캔들이 20 이동평균선을 돌파하는 종목을 추출하라는 조건식**이다. 여기서 [1]봉전으로 한 것은 확실히 20 이동평균선을 **종가상 돌파**했는지 확인하고 진입하기 위해서다.

총 8줄의 조건식을 확인하고 [성과검증]을 통해 조건에 부합하는 종목이 추출된 일 중 시각을 알아보자.

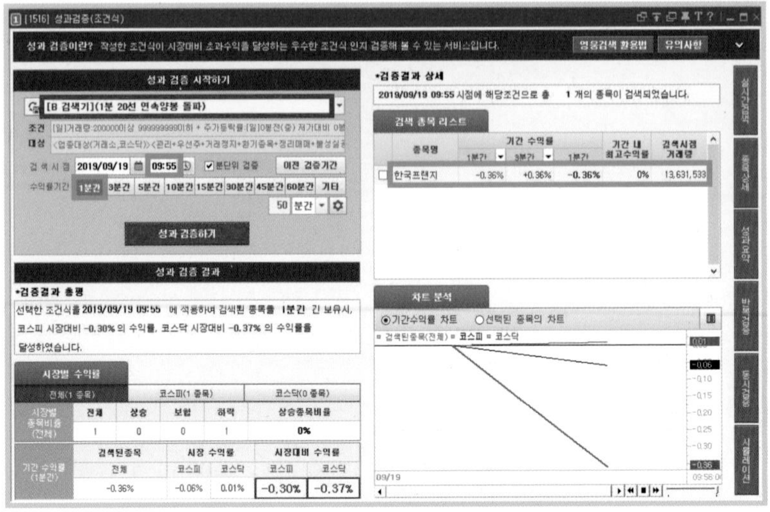

[성과검증] 창을 보면, **[A 검색기]**로 검색한 같은 날 오전 9시 55분 [한국프랜지]가 [B 검색기]에도 추출된 것을 볼 수 있다.

즉, **[A 검색기]**에서는 [한국프랜지]가 **오전 9시 21분** 추출됐고, **[B 검색기]**에서는 **오전 9시 55분**에 추출됐다. 이렇게 **[A 검색기]**와 **[B 검색기]**에 동시에 추출된 종목이 장 중 단타 종목으로 선정될 우선순위 종목이다.

키움증권 영웅문 HTS에서 조건검색실시간(화면번호 0156) 창을 2개 열어놓고 이 2개의 검색기를 장 중에 동시에 구동시키면 동시에 추출되는 종목을 쉽게 찾을 수 있다.

그럼 [한국프랜지]가 검출된 이날의 주가가 어떻게 움직였는지 살펴보자.

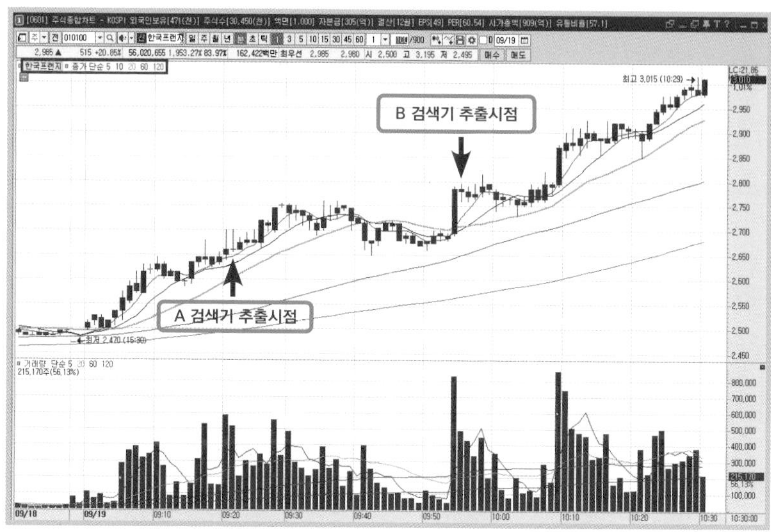

[한국프랜지]의 1분봉 차트를 보면, [A 검색기] 추출시점과 [B 검색기] 추출시점을 한눈에 볼 수 있다. 즉, 장 중 강한 종목을 **[A 검색기]**로 추출한 이후에 해당 종목이 **[B 검색기]**에도 **동시에 추출되는 순간이 장 중 단타 매수 지점**이 된다.

[B 검색기] 추출시점에서 대략 **30분 만에 +8%의 시세상승**이 나왔다. 보통 장 중 단타 매수에서 목표 수익률은 많이 잡아도 +4%~+5% 정도이고 보수적으로 접근할 때는 +2%~+3%를 잡는데, +8%의 시세 상승이 나왔으니 목표 수익률은 충분히 달성할 수 있다.

(개정판)

코스피, 코스닥 종목 모두에 적용되는

종목탐색기 활용, 주식 투자로 100억 원 벌기

제1판 1쇄 2019년 11월 29일
제2판 1쇄 2025년 2월 27일

지은이 최익수
펴낸이 한성주
펴낸곳 ㈜두드림미디어
책임편집 최윤경
디자인 디자인 뜰채 apexmino@hanmail.net

㈜두드림미디어
등 록 2015년 3월 25일(제2022-000009호)
주 소 서울시 강서구 공항대로 219, 620호, 621호
전 화 02)333-3577
팩 스 02)6455-3477
이메일 dodreamedia@naver.com(원고 투고 및 출판 관련 문의)
카 페 https://cafe.naver.com/dodreamedia

ISBN 979-11-94223-55-9 (03320)

책 내용에 관한 궁금증은 표지 앞날개에 있는 저자의 이메일이나 저자의 각종 SNS 연락처로 문의해주시길 바랍니다.